JN205931

ハイデルベルク
信仰問答を読む

キリストのものとされて生きる

朝岡　勝

1. Frag.
Was ist dein einiger trost in leben und in Sterben?

いのちのことば社

装画・装丁＝ホンダマモル

はじめに

「ハイデルベルク信仰問答」は、日本の教会において大変なじみの深いものです。一八七二年（明治五年）、横浜に最初のプロテスタント教会である日本基督公会が建てられますが、その二年後の一八七四年（明治七年）には、「聖教信徒問答」として最初の翻訳が出版されたと言われています。また一八七七年（明治一〇年）に日本のプロテスタント教会史において重要な意義を持つ日本基督一致教会が設立されたときには、ウェストミンスター信仰告白、同小教理問答、ドルト信仰規準とともに、ハイデルベルク信仰問答が「信仰ノ箇条」として採用されていたという歴史もあります。

『覆刻・日本基督一致教会信仰ノ箇条』（教文館）には、現存する最古の日本語訳として、一八八四年に出版された「鄙言葉海徳山問答　全」が収められていますが、その第一問は次のようになっています。

問　生死《いきしに》ともに汝《あなた》の唯一《ただひとつ》の安慰《なぐさめ》は何で御座《ござ》りますか。

また石丸新先生が著された『改革派カテキズム日本語訳研究』（新教出版社）には、その段階で確認されていた日本語訳が実に二十二種類もあると記されています。その後にも新たな日本語訳がいくつか公刊されており、そのほか、私訳のものも含めれば、おそらく三十種類近い翻訳があるのではないでしょうか。私の手元にあるのはそのうちの十一種類ですが、ヨーロッパに比べて若い教会である日本の教会が、それでもおよそ百四十年という、それなりの年月の中で、このことばによってどれほど養われ、生かされてきたかを知るときに、実に感慨深いものがあります。

これら数多い翻訳の中でも最も広く読まれたのは、竹森満佐一《まさいち》先生による訳文でしょう。竹森先生は生涯で二度、ハイデルベルク信仰問答を翻訳しておられます。初回は戦後間もない一九四九年（昭和二四年）に新教出版社から「信条叢書二」として出されたもの、二回目は新教新書の一冊として一九六一年（昭和三六年）に出されたもので、この改訳版は一九九六年には四十三刷を数えるほど、広く日本の教会でスタンダードとして用いられてきました。そして今日、竹森訳に替わるものとして普及しているのが、同じく新教新書として一九九七年に出された、吉田隆先生の翻訳による『ハイデルベルク信仰問答』です。

本書でも、この訳文を用いさせていただきました。

私自身もその伝統の中にいる「福音派」と呼ばれる教会では、祈りや伝道への熱心さの反面、信仰問答《カテキズム》に親しんだり、教理を学んだりするということをそれほど深く顧みてこなかったという反省があります。そこでこの書物を通して、教会が歴史の中で培ってきた豊かな信仰の水脈から生きた水を汲み上げ、それによって私たちが潤され、生かされていくことを願っています。

本書は、筆者が奉仕する徳丸町キリスト教会の夕拝や水曜の祈禱会で語ってきた、ハイデルベルク信仰問答の講解をもとにしています。なるべく平易なことばで、各問の内容を簡潔に取り扱っていますので、ひとりで信仰問答を読み味わうときの助けとして、また教会で共に学ぶときの手引きとして、お役に立てば幸いです。なおその際には、各問答に付されている聖書の御言葉を開いてみてください。そうすることで、信仰問答が聖書を説き明かすことばであることがよくおわかりいただけると思います。

目次

第三部　感謝について

全生活にわたる感謝 255

十戒について 267

祈りについて 340

ハイデルベルク信仰問答について

一　ハイデルベルク信仰問答の成立

ハイデルベルクの街は、南西ドイツ、ライン河の支流であるネッカー河沿いに位置する、美しい大学町です。ハイデルベルク信仰問答四百五十年を記念する二〇一三年に、初めてこの地を訪れました。町のあちらこちらに記念の旗やパネルが立ち並び、街全体が記念ムード一色の中、小高い山の頂にあるハイデルベルク城から眼下に街を一望したときの、空と川の青さ、聖霊教会やハイデルベルク大学など煉瓦造りの茶色の町並み、そしてそれらを囲む木々の緑の鮮やかなコントラストに息を呑んだことを思い出します。

この美しい大学町を首都とするプファルツ選帝侯国で宗教改革が進んだのは、一六世紀半ばのことです。当時、選帝侯フリードリヒ二世（在位一五四五～一五五六年）によって改革が着手されていましたが、それが本格化したのは次のオットハインリヒの治世（一五五六～一五五九年）になってからのことでした。オットハインリヒは、当初、強硬なルター主義者であったティレマン・ヘスフースという人物と共に改革を行っていましたが、やがて主の晩餐におけるキリストの現臨のあり方、すなわちそれがパンとぶどう酒と共にあるのか、単なる象徴なのか、それとも聖霊による現臨なのか、ということをめぐってルター派内の強硬派とメランヒトンに連なる穏健派、さらにツウィングリの立場やカルヴァンの立場の間での論争が激化し、混乱が生じるに至ります。

そのようななか、オットハインリヒの次に即位したフリードリヒ三世（一五五九～一五七六年）は、ヘスフースの路線を退け、改革派の信仰こそが聖書的な信仰であるとの確信に基づいて、プファルツ国内の一致を目指すようになります。

しかし、この路線転換に基づく改革には多くの困難が伴いました。プファルツではすでに一五五五年の「アウグスブルクの宗教和議」の決定、すなわち「領地の宗教は、その領主の宗教」（Cuius regio, eius religio）の体制に基づいて、ローマ・カトリックのほかに福音主義ではルター派だけが公認されており、改革派の信仰が異端視される恐れがあったためです。このような状況下でフリードリヒ三世は、自らの信仰が聖書的であり、また古代以来の公同の信仰に則った健全な教えであることを内外に示す必要に迫られたのでした。

そこでフリードリヒ三世は、ハイデルベルクの若き神学者ウルジヌス、オレヴィアーヌスを中心とした「当地のすべての神学教授、監督、また最も気高い牧師たち」（『ハイデルベルク信仰問答』初版序文）を総動員してこの信仰問答を作成させ、一五六三年一月に初版、同年二月には第二版、四月に第三版が決定版として出版され、一五六三年十一月十五日には第四版が、プファルツ教会規程の中に「信仰問答」の項として組み込まれた形で出版されるに至ったのです。

二　ハイデルベルク信仰問答の内容

①全体の構造

ハイデルベルク信仰問答は全体で一二九問からなっており、全体を貫くテーマを提示する「序　ただ一つの慰め」に続いて、内容的に大きく三つに区分されます。

序　ただ一つの慰め（第一問～第二問）
第一部　罪と悲惨について（第三問～第一一問）
　律法・第二用法によって（第三問～第五問）
　創造と堕落（第六問～第八問）
　義と憐れみ（第九問～第一一問）

序論（第八六問～第九一問）
なぜ善い行いか（第八六問～第八七問）
悔い改めと回心（第八八問～第九一問）
十戒・第三用法によって（第九二問～第一一五問）
二枚の板（第九二問～第九三問）
戒めの解説（第九三問～第一一三問）
要約と用法（第一一四問～第一一五問）
主の祈り（第一一六問～第一二九問）
祈りの視野（第一一六問～第一一八問）
祈りの解説（第一一九問～第一二八問）
アーメン（第一二九問）

三　ハイデルベルク信仰問答の特色

カルヴィン神学校のライル・D・ビエルマ教授は『ハイデルベルク信仰問答入門　資

料・歴史・神学』（教文館）において、フリードリヒ三世がハイデルベルク信仰問答に記した序文に基づき、この信仰問答の目的を「子どもたちを教えるためのカテキズム教育の教材、教会で普通の人々を指導するための説教のガイド、そして、プファルツにあるいくつかのプロテスタント諸派のための信仰の一致のかたちとして使用」の三点にあるとしています。

これらの目的を実現するために作られたこの信仰問答には、いくつかの特色が表れています。以下に五つの点を挙げておきましょう。

①教育のための信仰問答

第一の点は、教育のための信仰問答であるということです。カテキズムそれ自体がそもそも子どもたちや初心の者のための教育教材でしたから、問いのかたちや、答えの促し方などの形式においてもさまざまな工夫や配慮がなされています。たとえば、正統的な教理として十分に把握すべき内容については、「〜とは何ですか」と端的に問い、その事柄を深く理解することを求める場合には「それはなぜですか」と問いを重ねます。

また単に知識の伝達、教育ということを超えて、「〜はあなたをどのように慰めますか」「〜はあなたにどのような慰めを与えますか」と問い、さらには「〜から、あなたはどのような益を受けますか」とも問うのです。ここには生きた「まことの信仰」を伝えようとする知恵と熱心が表れていると言えるでしょう。

②聖書に密着した信仰問答

第二の点は、聖書に密着した信仰問答であることです。たとえば、私たちがいかに罪と悲惨の中にあるか、どうしたらその罪と悲惨の中から救われるか、救われた私たちはどう生きるのか、という信仰問答の大きな構造は、そのまま新約聖書のローマ人への手紙の構造によっていると言われます。また、信仰問答本文を支えている引証聖句の的確さと聖書引用の豊富さも目を引く点です。

③福音を明確に示す信仰問答

第三の点は、福音を明確に示す信仰問答であることです。これについては、この後に続く各問答で実際に確かめることになりますが、最も鮮やかな実例は、やはり第一問の「生きるにも死ぬにも、あなたのただ一つの慰めは何ですか」との問いに対して、「体も魂も、生きるにも死ぬにも、わたしの真実な救い主イエス・キリストのものであること」と答える点でしょう。

後にもくり返し触れるように、この信仰問答では「キリストのものとされる」「キリストにあずかる」「キリストに結び合わされる」という表現が頻繁に用いられています。それによって救いの現実であり、また目標でもある「キリストとの結合」（unio cum Christo）が教えの中心に位置していることがわかるのです。

④説教のための信仰問答

第四の点は、説教のための信仰問答であることです。先に触れたように、ハイデルベルク信仰問答はプファルツ教会規程の中に組み込まれており、この規程に基づいて御言葉を取り次ぐ、説教者のための説教規準としての役割を担っていました。プファルツ教会規程は、礼拝のための指針としての要素の強いもので、主な内容は、「教理と説教について、聖なる洗礼について、教理問答について、聖晩餐について、悔い改めについて、祈りについて、結婚について、礼拝における歌唱について、病者の訪問について、死の床での祈りについて、囚人の訪問について、埋葬について」となっています。

このように、信仰問答は御言葉の説教と聖礼典とを繋ぐ役割を果たしており、神の御言葉の説教を聴き、ふさわしく聖礼典にあずかるために、信仰問答によって教理を教えられ、信仰が整えられることの重要性が覚えられているのです。

また、教会規程は、ハイデルベルク信仰問答が毎主日朝の礼拝において朗読され、午後の礼拝では説教されることを求め、全体を九回の主日で朗読するための「課」(Lektion)を設けています。第一課は第一問から第一一問、第二課は第一二問から第二八問、第三課は第二九問から第四五問、第四課は第四六問から第五八問、第五課は第五九問から第七四問、第六課は第七五問から第八五問、第七課は第八六問から第一〇三問、第八課は第一〇四問から第一一五問、そして第九課が第一一六問から第一二九問です。さらに第四版以降は全一二九問を五十二週に分割し、一年を通じて説教されるための配慮をしているのです。

⑤信仰の一致のための信仰問答

第五の点は、信仰の一致のための信仰告白であることです。この信仰問答は改革派の神学の結晶ですが、しかし信仰問答自体は、特定の教派の神学を強調する意図を持っていません。フリードリヒ三世の記した序文には、「青年たちがその初めから、何よりもまず聖なる福音の純粋で一貫した教えと真実な神知識へと向けられ、そこに堅くとどまらせ」られるために、「われらのキリスト教教理の要約またはカテキズムを、神のことばから、ドイツ語とラテン語双方において作成するよう準備させた」とあります。

そこでライル・ビエルマは、ハイデルベルク信仰問答は一方では宗教改革的な信仰の枠組みを保つために、救済論や善行論においては対カトリック、洗礼論や地上の権威者との関係においては対再洗礼派、キリスト論や聖餐論においては対ルター派の主張を持ちつつ、他方で「ツヴィングリ、ブリンガー、カルヴァン、メランヒトンの弟子たちの間にある共通の神学的土台を取り上げることによって、驚くべきコンセンサスを創出した」と指摘します。こうして今日ではこの信仰問答を指して、「宗教改革的エキュメニズム」と呼ぶことさえあるのです。この点に関して、一九四九年版の竹森満佐一先生の翻訳の解説に記された、次の一文（教会史家マックス・ゲーベルのことばと思われる）が印象的です。

「ハイデルベルク信仰問答は『ルターの内面的な誠実、メランヒトンの明澄、ツウィングリの単純さ、カルヴィンの熱情をとけあわして一つにしている』といわれるのは、まさに正しい。」

序　ただ一つの慰め

第一主日　第一問、第二問

一　私たちは主のもの

①ただ一つの慰め

問一　生きるにも死ぬにも、あなたのただ一つの慰めは何ですか。

答　わたしがわたし自身のものではなく、体も魂も、生きるにも死ぬにも、わたしの真実な救い主イエス・キリストのものであることです。

ハイデルベルク信仰問答の第一問は、このことばで始まります。信仰問答が最初にどのような問いから始められるかは、とても重要なことです。一番大切なことが、一番初めに語られる。そしてその一番大切なことが、初めから終わりまで貫かれていく。ハイデルベルク信仰問答は、この「ただ一つの慰め」の在処をひたすら説き続けるカテキズムだと言ってもよいのです。しばしばハイデルベルクと比較されるのは、ウェストミンスター小教理問答ですが、その第一問は次のように始められます。

問一　人のおもな目的は、何ですか。
答　人のおもな目的は、神の栄光をあらわし、永遠に神を喜ぶことです。

このように最初に人生の目的を問う順序は、カルヴァンのジュネーヴ教会信仰問答第一問の「**問**　人生の主な目的は何ですか。**答**　神を知ることであります」という問答以来の伝統ですが、ハイデルベルク信仰問答の問い方は、ウェストミンスター小教理問答に比べてしばしば「主観的・個人的・内面的」と評されて、日本の教会でハイデルベルクが親しまれる一つの理由がここに求められるということもありました。

しかし、この問いの中身を学ぶならば、「主観的・個人的・内面的」という評価が必ずしもあたってはいないことに気づかされます。むしろこの問いは、主イエス・キリストによって成し遂げられた救いの御業が、創造から終末という光の中でどのような意味を持つのかを示す大きなスケールを持っているのです。
「生きるにも死ぬにも、あなたのただ一つの慰めは何ですか。」 これは短い問いですが、しかしとても深い問いかけです。生と死という、人の一生涯を貫く慰めが問われています。普段の生活では慰めとなっても、いざ死の時に際しては役に立たないとか、死ぬ間際になってはじめて力を発揮する慰めを問うているのではない。一生涯を貫いて、絶えず、その始まりにおいても、その最中においても、そして、その終わりにおいても慰めとなるものは何かが問われている。しかもそのような慰めは、二つも三つもあるものではない。本当に人の生と死を包み込み、貫く慰めとはただ一つのものであるはずであり、また他人から借りてきて事足りる、その場かぎりの気休めではなく、「あなたの慰め」「私の慰め」と言うべきものが問われている。この信仰問答は、そのような慰めの在処を最初に私たちに問いかけてくるのです。

数多くの信仰問答の解説書が、ここで「慰め」と訳されたドイツ語「Trost（トロスト）」について、詳しくその意味を説き明かしています。吉田隆先生は、「私たちの心を置くべき拠り所、確信、あるいは助け」という意味だとし、「自分が全幅の信頼を置くべき、私たちが体も魂も全部を任せてよいという、その拠り所は何かという問いなのです」と言っておられます（『《ただ一つの慰め》に生きる――「ハイデルベルク信仰問答」の霊性』）。また楠原博行先生は、「トロストという言葉には、『確信』という意味があります。『勇気』という意味もあります。『希望』と訳してもよいですし、『助け』、『守り』、『力』と訳してもよい」と記しておられます（『キリスト者は何を信じているのか　ハイデルベルク信仰問答入門』）。いずれにしても、そこにあるのは日本語の「慰め」の語感とはずいぶん異なった、積極的で力強い響きです。

あるとき、手元にある三十数冊のハイデルベルク信仰問答の解説書を読み比べてみましたが、そこで大変印象深かったのがドイツのラウハウスという牧師の書かれた『信じるということ　ハイデルベルク信仰問答を手がかりに』（教文館）という書物の中の一節でした。

「信仰問答の冒頭の問いはこう書き換えてもよい。『生きているときも死ぬときも、あなたを支えるものは何でしょう』。あるいはまた、『生きているときも死ぬときも、あなたは何に頼っていますか』。あるいはまた、『生きているときも死ぬときも、誰があなたに忠実であり続けるでしょう』。あるいはまた、『生きているときも死ぬときも、何があなたを強くさせますか』。問題になっているのは、生きる勇気であり、死に際の確信だ。」

ここで私の心に留まったのは、ハイデルベルクが問う「慰め」とは、「生きる勇気であり、死に際の確信だ」ということばです。生きること、死ぬこと、これはだれ一人例外なく向き合わなければならない人生のテーマです。つまりそれは、私たちにとっての一番大事な事柄です。実際に私たちにとって、生きることには悩みが多くつきまといます。若いときには将来のこと、結婚のこと、仕事のこと、家庭を持てば子育てのこと、経済のこと、病のこと、親の世話のこと、年を重ねれば健康のこと、老後の生活のこと、そして死のこと。詩篇九〇篇で「私たちの齢は七十年。健やかであっても八十年。そのほとんどは労苦とわざわいです」と詩人が歌うような、この地上の日々を生きる勇気はいったいどこから来るのか。そして、やがて地上の生涯を閉じるときに、すべてのものが取り去られて、手放さなければならなくなるまさにその死に際に、私の心の確信、その拠り所となるものはいったい何なのか。いや、そもそもそのような勇気や確信を与えるものが存在するのか。それは、私たちにとっての究極の問いとも言えるでしょう。

②私たちは主のもの

このような究極の問いに対して、信仰問答は聖書に聴きつつ、次のように答えます。

答　わたしがわたし自身のものではなく、体も魂も、生きるにも死ぬにも、わたしの真実な救い主イエス・キリストのものであることです。

究極の慰め、拠り所、それは「体も魂も、生きるにも死ぬにも」という私の存在と生涯の全体が、主イエス・キリストのものとされていることだと言うのです。私は一人で孤独に生き、そして死んでいくのではなく、キリストの恵みにあずかって、キリストのものとされている。それゆえに、どのような境遇にあっても生きる勇気を与えられ、またキリストのものとされているがゆえに、死に際にあっても勇気と確信が与えられると言うのです。

パウロはローマ人への手紙一四章八節で、「私たちは、生きるとすれば主のために生き、死ぬとすれば主のために死にます。ですから、生きるにしても、死ぬにしても、私たちは主のものです」と語り、テサロニケ人への手紙第一、五章一〇節で「主が私たちのために死んでくださったのは、私たちが、目を覚ましていても眠っていても、主とともに生きるようになるためです」と語ります。キリストのものとされた人は、キリストのために生きる人とされる。目覚めていても、眠っていても、主イエス・キリストと共に生きる。それは、キリストが私たちをご自身のものとしていてくださるがゆえの現実です。

そして、ローマ人への手紙八章三一、三二節で、「神が私たちの味方であるなら、だれが私たちに敵対できるでしょう。私たちすべてのために、ご自分の御子さえも惜しむことなく死に渡された神が、どうして、御子とともにすべてのものを、私たちに恵んでくださらないことがあるでしょうか」と言い、三八、三九節では「私はこう確信しています。死も、いのちも、御使いたちも、支配者たちも、今あるものも、後に来るものも、力あるものも、高いところにあるものも、深いところにあるものも、そのほかのどんな被造物も、私たちの主キリスト・イエスにある神の愛から、私たちを引き離すことはできません」と語っています。

ここでパウロが「神が私たちの味方であるなら」と言うとき、それは不確かな仮定の話ではなく、疑うべくもなく確かな事実を強調しています。つまり「神が私の味方であるので」ということです。これほど心強い語りかけがあるでしょうか。神は私たちの味方だ。その神が私を愛して、ご自身の愛する御子イエス・キリストのものとしていてくださる。だから、このキリスト・イエスにある神の愛から私たちを引き離せるものは何一つない。これが私たちにとっての究極の拠り所、私を支え、生かすものなのです。

③贖い主キリストの三つの御業から

第一問は、こうして私たちがキリストのものとされているという現実が、いかにしてなったのかを、三つの点で明らかにしています。第一に「この方は御自分の尊い血をもってわたしのすべての罪を完全に償《つぐな》い、悪魔のあらゆる力からわたしを解放してくださいました」。第二に「また、天にいますわたしの父の御旨でなければ髪の毛一本も落ちることができないほどに、わたしを守っていてくださいます。実に万事がわたしの救いのために働くのです」。第三に「そうしてまた、御自身の聖霊によりわたしに永遠の命を保証し、今から後この方のために生きることを心から喜びまたそれにふさわしくなるように、整えてもくださるのです」。

ここで述べられている三つのことは、贖い主イエス・キリストが、私たちを「救い、保ち、全うして」くださる御業であり、私たちの「過去・現在・未来」に関わる御業とも言えるものです。ペテロの手紙第一、一章一八、一九節に「ご存じのように、あなたがたが先祖伝来のむなしい生き方から贖い出されたのは、銀や金のような朽ちる物にはよらず、傷もなく汚れもない子羊のようなキリストの、尊い血によったのです」とあるように、主イエスは十字架の上で流された尊い血により、罪と悲惨の中にあった私たちの罪を完全に贖い、悪魔の死の力から解放してくださいました。

この贖いの完全さのゆえに、この救いにあずかった者は今まさに神の恵みの中で守られ、保たれています。ローマ人への手紙八章二八節に「神を愛する人たち、すなわち、神のご計画にしたがって召された人たちのためには、すべてのことがともに働いて益となることを、私たちは知っています」とあるように、神の摂理の御手は私たちを守り、生きるにも死ぬにも、一日一日と起こるすべてのことを私の救いのために益としてくださるのです。この贖い主の御業は、今だけでなくこれからも働き続けます。この私の救いを聖霊が保証し、その救いと永遠のいのちの約束を全うしてくださるばかりか、私たちが主イエスのものとして、この方のために生きる者とし、そのような生き方を心から喜ぶ者とし、そのような生き方にふさわしい者へと整えてくださるのです。

④キリストのものとされて生きる

こうして第一問は、私たちが贖い主キリストによって救われたのみならず、贖い主キリストのために生きることへの励ましと促しを与えてくれます。そこでは、人の目的を問うジュネーヴ教会信仰問答やウェストミンスター小教理問答と同じ音色が響いていることに気づかされます。キリストが私のために贖いを成し遂げてくださった。だから私はもはや私自身のものでなくキリストのものであり、私の人生もキリストのための人生、神の栄光の人生とされていくのです。

カルヴァンは臨終の床で、共にジュネーヴ改革のために働いてきたファレルに宛てた最期の手紙の中で、こう記しています。

「キリストのためにわたしは生きまた死ぬる、それで十分です。キリストの民にとっては、キリストは生においても死においても益です」（テオドール・ド・ベーズ『ジャン・カルヴァンの生涯』）。

私たちの生と死を貫くただ一つの慰め、拠り所。それは私たちのために十字架にかかって死なれ、三日目によみがえられた主イエス・キリストです。キリストは今も生きて私たちを支え、今日も私たちをその御手の中にしっかりと握り締めていてくださり、このキリストとの結びつきはますます強く、堅く、そして確かにされていくのです。

二　私たちが知るべき三つのこと

①知ること、信じること

続く第二問では、ただ一つの慰めを得るための道筋が示されます。

問二　この慰めの中で喜びに満ちて生きまた死ぬために、あなたはどれだけのことを知る必要がありますか。

答　三つのことです。第一に、どれほどわたしの罪と悲惨が大きいか、第二に、どうすればあらゆる罪と悲惨から救われるか、第三に、どのようにこの救いに対して神に感謝すべきか、ということです。

「信じること」と「知ること」は、しばしば対立するもののように受け取られます。一方では「あまり知識ばかりが増えると頭でっかちの信仰になり、高慢になるのではないか」と危ぶまれたり、他方では「熱心さばかりで知識がないと、急ぎ足で躓《つまず》いてしまう」とも警告されたりもします。しかし、信仰の営みにおいては「信じること」も「知ること」もどちらも大切なことです。事実、ハイデルベルク信仰問答は第二一問で「まことの信仰」とは何かを問い、そこで「確かな認識」と「心からの信頼」と言っています。

たしかに、信仰にとって「知る」ということは不可欠な要素です。しかし、このときに大切なのは、これが自分自身を喜ばせるための知り方ではなく、神を愛することに向かうような知り方であるということです。キリストの御業を知ることによって、ますますキリストを愛するようになる、そのような知り方が求められているのです。これは単に知的な手段を駆使することだけで得られたり、経験を積み重ねることによって得られたりするものではなく、そこに聖霊の神が働いてくださるときにもたらされるものでしょう。カルヴァンがジュネーヴ教会信仰問答の第六問で、次のように言っているとおりです。

問六　では、神についての真の正しい知識は何ですか。
答　神をあがめる目的で神を知るときであります。

②私たちが知るべき三つのこと

キリストの慰めにあずかって生き、そして死ぬために知るべきことが三つある、と信仰問答は教えます。「第一に、どれほどわたしの罪と悲惨が大きいか、第二に、どうすればあらゆる罪と悲惨から救われるか、第三に、どのようにこの救いに対して神に感謝すべきか、ということです。」

この「人間の罪と悲惨」「罪と悲惨からの救い」「救われた者の感謝」という三つの点が、そのままハイデルベルク信仰問答全体の構造になっています。すでに触れたように、信仰問答全一二九問が「序」（第一問～第二問）に続いて三部に分けられ、各々が「第一部　人間の悲惨さについて」（第三問～第一一問）、「第二部　人間の救いについて」（第一二問～第八五問）、「第三部　感謝について」（第八六問～第一二九問）となっています。

さらに三つの知るべきこととして教えられる内容は、「使徒信条」（第二〇問～第六四問）、「十戒」（第九二問～第一一五問）、「主の祈り」（第一一六問～第一二九問）という、いわゆる三要文の解説となっています。これに教会の聖礼典に関する教えが加えられて全体が構成されているのです。

「使徒信条・十戒・主の祈り」の解説をもって信仰問答の骨格とすることは、ハイデルベルク信仰問答のオリジナルな考え方ではありません。むしろ教会のカテキズムの伝統は、三要文の解説によって培われてきたのであり、その延長線上にこの信仰問答も立っているのです。

ただし宗教改革が古代のカテキズムの伝統を回復しつつ新たに重んじたのは、そこに聖礼典についての教えを含めたことです。ここには洗礼にあずかり、主の晩餐にあずかる者となるための教育というカテキズム教育の教会論的な目的がよく現れていると言えます。

ハイデルベルク信仰問答の配列の特色は、「十戒」を「使徒信条」の後の「第三部　感謝について」で論じることでしょう。信仰問答の中で「十戒」と「使徒信条」の位置関係がどうなっているかは、一つのポイントです。ルターの小教理問答が十戒の説き明かしから始まって、使徒信条、主の祈り、聖礼典の解説に進むのに対し、ハイデルベルク信仰問答が、使徒信条の説き明かしに続いて、十戒を説いているのが象徴的なように、そこにはルター派と改革派における十戒論の取り扱い方の違いが見られるのです。

詳しいことは当該箇所の解説において触れるとして、ここで簡潔に触れておくと、人間に罪を教え、キリストに導くための養育係としての律法の役割に重きを置くのがルター派の律法論の特徴と言われ、キリストに救われた人間の、神への感謝と応答の生活の規範としての律法の役割に強調点を置くのが改革派の律法論の特徴と言われています。

③自己奉献の知識

第二問が語る三つの知識が「人間の悲惨・人間の救い・感謝」という構造であることを見ました。この構造をよく見つめるとわかってくることは、これが主イエス・キリストが私たちのために成し遂げてくださった贖いの御業に対応しており、さらには、このことを聖書において最も丹念に教えたローマ人への手紙の構造に対応していることです。

主イエス・キリストは、罪と悲惨の中に死んでいた私たちを、ご自身の十字架の贖いによって救い出してくださり、この救いの恵みによって、私たちを神の子としての祝福に生きる者としてくださいました。パウロもローマ人への手紙一章から三章で人間の罪を扱い、三章から一一章で主イエス・キリストによる救いを教え、一二章の冒頭で「ですから、兄弟たち、私は神のあわれみによって、あなたがたに勧めます。あなたがたのからだを、神に喜ばれる、聖なる生きたささげ物として献げなさい。それこそ、あなたがたにふさわしい礼拝です」と語ってから、最後の一六章までで救われた者の生活について教えています。

神を愛することも自分を愛することもできない、自分自身の罪と悲惨とを知り、そこからの主イエス・キリストによる救いを求め、ただ恵みによって神の義をいただき、神の子どもとされたならば、私たちは救いの神に感謝し、自らをささげて主のために生きる生活へと進んで行く。この道筋を、ハイデルベルク信仰問答は私たちに教えています。

福音は、まず私たちを自らの罪の現実に向き合わせます。ここにハイデルベルク信仰問答が語る「慰め」が、単なる気休めや安易な慰め、現状肯定、現状追認とはまったく異質なものであることが示されます。聖書は、私たちを本当の姿と出会わせる書物です。偽りの自分を見せたり、気休めのことばでまぎらわせたり、現実から目を逸らさせる耳障りの良いことばで惑わすことをせず、私たちにとっては決して心地よいものではないけれども、しかし真の慰めを得るために、どうしても向き合わなければならない罪と悲惨の現実としっかりと向き合わせます。この現実が、本当の救いに至る出発点だからです。主イエス・キリストが与えてくださる救いは、私たちを罪と悲惨から救い出し、そのいのちを根本から作り替え、新しいいのちへと歩み出させる力であり、しかも地上のいのちと死を超えて永遠へと繋がる力あるものです。

したがって、ここで私たちが学ぶ知識は、主イエス・キリストの救いに感謝し、このお方に自らをささげ、ますます主イエスに応答して生きていくための知識、自己奉献の知識なのです。

第一部　人間の悲惨さについて

第二主日　第三問～第五問

三　悲惨さへの気づき

①人間の悲惨さ

ハイデルベルク信仰問答は第二問で、私たちが生きるにも死ぬにも確かなただ一つの慰めを得るためには、まず自分自身の罪と悲惨さとを知らなければならないと言いました。この問答を受けて続くのが第三問です。

問三　何によって、あなたは自分の悲惨さに気づきますか。

答　神の律法によってです。

第三問から第一一問までの第一部には「人間の悲惨さについて」という表題がつけられています。ここで「悲惨」と訳されたドイツ語の「Elend（エーレント）」には、「みじめ、悲惨、哀れ、窮状、貧困、不幸」といった意味があります。さらに、これも多くの先生方が説いてくださっていることですが、このことばには元来、「故郷を追われて、異郷の地に暮らすこと」という意味が込められていると言うのです。

そこには、罪を犯してエデンの園を負われた最初の人間たちのみじめさ、故郷を遠く離れたバビロンの川のほとりで、シオンを思い出して泣く捕囚の民の悲哀、父のもとを離れて放蕩のかぎりを尽くし、落ちぶれて死にかけている弟息子の悲惨さが表れています。神との関係が破綻し、それによって自分の本来の居場所を失ってしまった人間の罪。これをハイデルベルク信仰問答は、「悲惨さ」「みじめさ」と言うのです。

②律法によって罪に気づく

このような人間の罪の悲惨さ、みじめさを、人間は神の律法によって気づくと第三問は教えます。

前項で、ルター派と改革派の律法理解をめぐる強調点の違いについて述べましたが、その点をもう少し整理しておきたいと思います。

宗教改革者たちは、律法の役割を「律法の三用益」として言い表しました。第一の用益は「教育的」用益、第二は「政治的」あるいは「市民的」用益、そして第三が「規範的」用益と言われます。第一の用益は人間に罪を認めさせ、キリストの救いへと導く養育係としての益です。第二の用益は通常の市民生活における公共倫理に通じる働きで、すべての人に対して益となるものです。そして第三の用益が、キリストによって救われた者に対して、神への感謝と服従、献身の生活へと促す規範として益で、改革派が最も強調した点であると言えます。ただ、これらはあくまでも強調点の相違であって、いずれかを排除するものではありません。ですから、ここでもまず、律法の第一用益が取り上げられるのです。

パウロは、ローマ人への手紙三章一九、二〇節で次のように言います。

「私たちは知っています。律法が言うことはみな、律法の下にある者たちに対して語られているのです。それは、すべての口がふさがれて、全世界が神のさばきに服するためです。なぜなら、人はだれも、律法を行うことによっては神の前に義と認められないからです。律法を通して生じるのは罪の意識です。」

私たちは、自分のことは自分が一番よくわかっていると思っている節があります。しかし、本当にそうでしょうか。私たちは、一番知らなければならない自分自身の姿を直視することができず、むしろ罪と悲惨の中にある自分と向き合うことを避けて、現実逃避をくり返しています。しかし、そんな私たちを現実の姿の前に引き出すのが律法の役割なのです。

なぜ神は人間に律法をお与えになったのか。それは律法という神の基準を与えられることによって、そこから逸れてしまっている自分の罪を知らされ、神が求めておられる律法の要求を満たすことができない自分自身の悲惨な現実を認めさせられるためなのです。自分の罪を認めるのは、私たちにとって決して易しいことではありません。けれども律法が示す自分の罪と悲惨さの気づきこそが、救いへの道の第一歩なのです。

③神が求めておられること

では、そもそも主なる神が律法を通して私たちに求めておられるのは、いったいどのようなことでしょうか。続く第四問に次のように記されます。

問四　神の律法は、わたしたちに何を求めていますか。

答　それについてキリストは、マタイによる福音書二二章で次のように要約して教えておられます。「『心を尽くし、精神を尽くし、思いを尽くし（、力を尽くし）て、あなたの神である主を愛しなさい。』　これが最も重要な第一の掟である。第二も、これと同じように重要である。『隣人を自分のように愛しなさい。』 律法全体と預言者は、この二つの掟に基づいている。」

これはマタイの福音書をはじめマルコ、ルカの福音書にも登場する有名な問答です。ここで主イエスは、「律法の中で、たいせつな戒めはどれですか」という問いかけに対して、「主なる神を愛すること」と「隣人を自分のように愛すること」を挙げられました。これは二つ別々のことではなく、切り離すことのできない一つの戒めです。

それにしてもハイデルベルク信仰問答が、人間の悲惨さを教える律法について論じるに際して、十戒を示すことをせずに主イエス・キリストがマタイの福音書二二章で語られた要約を記すのは、すぐれた信仰の理解であると言えるでしょう。私たちにとっての律法とは、主イエス・キリストが教えてくださったもので、主イエス・キリストにおいて父なる神を愛し、隣人を愛することを求める律法です。そして何よりも、主イエス・キリストご自身が、私たちでは決して満たし得ない律法の要求に対して、それを完全に成就してくださったお方なのです。だからこそ、私たちは主イエスの御前に立つときに、自らの罪と悲惨を心底から覚え、そこからの救いを求める者とされていくのです。

④私たちの心の姿

そこで、ハイデルベルク信仰問答は第五問において、あらためて私たちの罪と悲惨の現実を突きつけます。

問五　あなたはこれらすべてのことを完全に行うことができますか。

答　できません。なぜなら、わたしは神と自分の隣人を憎む方へと生まれつき心が傾いているからです。

主なる神が求めておられる人間のあるべき姿、それは神を愛し、隣人を自分自身のように愛して生きる姿でした。しかし、今や私たちはそのようなあるべき姿から遠く離れてしまっている。神を愛し、隣人を愛するどころか、神と自分の隣人を憎み、敵対し、自分のことばかりを考える自己中心の罪の中に陥ってしまっている。それればかりか罪の中に陥っていることにさえ気づかず、ますます罪の深みにはまり、滅びに向かって突き進んでいるのです。この現実に気がつくことのできない私たちの罪の姿は、まさに悲惨そのものと言わなければなりません。

このような私たちの姿を、信仰問答は巧みにも「生まれつき心が傾いている」と言いました。生まれつきの私たちの心は絶えず悪へと傾いてしまっているのです。まさにローマ人への手紙が「義人はいない。一人もいない」と言うとおりです。

けれども、まったく逃れようのない罪の現実を見せつけて、私たちを打ちのめすことが主なる神の御心ではありません。むしろ、私たちが自らの心の姿をありのままに見つめることが、生死を貫くただ一つの慰めを得るための、初めの一歩なのです。罪と悲惨の現実から、私たちの救いへの道は開かれていく。その意味で神の律法は、いつでも私たちの救いへのスタートラインです。ローマ人への手紙三章二一～二四節に、こうあるとおりです。

「しかし今や、律法とは関わりなく、律法と預言者たちの書によって証しされて、神の義が示されました。すなわち、イエス・キリストを信じることによって、信じるすべての人に与えられる神の義です。そこに差別はありません。すべての人は罪を犯して、神の栄光を受けることができず、神の恵みにより、キリスト・イエスによる贖いを通して、価なしに義と認められるからです。」

このキリストの救いのもとへと私たちを連れて行くところにこそ、神の律法の大切な役割があるのです。

第三主日　第六問〜第八問

四　人の回復

①神のかたちとしての人間

正しく生きたいと願いつつも、そのように生きることのできない矛盾をはらんだ私たち人間の姿を、ハイデルベルク信仰問答はローマ人への手紙三章の御言葉に従って、「神と隣人を憎む方へと生まれつき心が傾いている」と言い表しました。それでは、はたして人間とは生まれつき邪悪な存在なのか、この根源的な問いかけが扱われるのが第三主日の第六問と第七問です。

まず第六問で、人間の本来あるべき姿が示されています。

問六　それでは、神は人をそのように邪悪で倒錯したものに創造なさったのですか。

答　いいえ。むしろ神は人を良いものに、また御自分にかたどって、すなわち、まことの義と聖において創造なさいました。それは、人が自らの造り主なる神をただしく知り、心から愛し、永遠の幸いのうちを神と共に生き、そうして神をほめ歌い賛美するためでした。

ここには神に創造された人間の姿とその目的が記されますが、聖書の人間観の基本となるのは「神によって創造された人間」という理解です。しかも信仰問答は、「神は人を良いものに、また御自分にかたどって、すなわち、すなわち、まことの義と聖において創造なさいました」と言うのです。これは、ほかの被造物に比べて破格の扱いであると言わなければなりません。神にとって私たち人間存在が、どれほどに尊いものであるか、人間の根源的な価値や尊厳の在処がここに示されます。

②人間の罪の現実

神のかたちに創造された人間は、本来「自らの造り主なる神をただしく知り、心から愛し、永遠の幸いのうちに神と共に生き、そうして神をほめ歌い賛美するため」という目的を与えられていました。ここに人間の幸せの姿があるのであり、かえって、そこから離れてしまっている今の姿がどれほど悲惨な状態であるかが浮き彫りにされるのです。エペソ人への手紙四章一八、一九節にこうあるとおりです。

「彼らは知性において暗くなり、彼らのうちにある無知と、頑なな心のゆえに、神のいのちから遠く離れています。無感覚になった彼らは、好色に身を任せて、あらゆる不潔な行いを貪るようになっています。」

ここでパウロが言う「異邦人」とは、まさに神から離れた罪人の姿です。その由来を第七問は次のように言います。

問七　それでは、人のこのような腐敗した性質は何に由来するのですか。

答　わたしたちの始祖アダムとエバの、楽園における堕落と不従順からです。それで、わたしたちの本性はこのように毒され、わたしたちは皆、罪のうちにはらまれて生まれてくるのです。

ここで示されるのは、創世記三章に記される最初の人間アダムとエバの罪への堕落の姿です。この最初の人間の罪を「原罪」と言いますが、私たちは皆、一人の例外もなく、このアダムの原罪を受け継いでいる。ここに最初の人間の栄えある姿と、そこから堕ちてしまった人間の悲惨の姿があるのです。まさにパスカルの言う「位を簒奪された王の悲惨」の姿です。

③ 徹底した堕落の姿

こうして罪をはらんだ私たちの今の姿を、第八問はこう言い表します。

問八 それでは、どのような善に対しても全く無能であらゆる悪に傾いているというほどに、わたしたちは堕落しているのですか。

答 そうです。わたしたちが神の霊によって再生されないかぎりは。

ここまではっきりと言い切られるとぐうの音も出ない、という感じです。何の言い訳も弁明も、まして反論の余地もないほどに、自らの罪の現実がはっきりと示されるとき、私たちはその徹底した堕落の現実を認めざるを得ないでしょう。

私たちが「どのような善に対しても全く無能であらゆる悪に傾いている」というのは、教理のことばで「全的堕落」と言われる教えです。ここでの「全的」という意味は罪の「深さ」という程度問題ではなく、むしろ罪の「広がり」という領域の問題です。罪の中にある私たちには、私たちに生きているあらゆる領域において罪を犯し得る存在であり、罪の影響を免れた部分をいかなる領域も持ってはいないのです。

私たちはここに、神のかたちに創造された人間本来の姿と、罪の中に堕落した人間の悲惨な姿という、大きな隔たりがあることを見ました。それが私たち人間の罪の姿であるということを心痛めつつ認めなければなりません。ローマ人への手紙七章二四節のパウロの悲痛なうめきは、そのまま私たちのうめきです。

「私は本当にみじめな人間です。だれがこの死のからだから、私を救い出してくれるのでしょうか。」

④救いへの招き

けれども、このみじめな自らの姿を見つめるとき、聖霊の神は私たちのうちに生きて働かれ、この悲惨さからの救いを求めさせ、イエス・キリストの十字架を仰ぐようにと私たちを促してくださいます。

ハイデルベルク信仰問答も、第三主日において徹底して人間の罪の由来とその現実を教えながら、第八問の終わりに「わたしたちが神の霊によって再生されないかぎりは」と語ることによって、やがて明らかにされる罪からの救いへの招きの声を挙げています。神によって私たちは罪と堕落の中から再び生かされ、主イエス・キリストにある新しい生へと生かされる道筋へと招かれているのです。

私たちが再び生かされるべき再創造の姿、私たちのうちに回復されるべき神のかたち、それは御子イエス・キリストのお姿にほかなりません。エペソ人への手紙四章二〇〜二四節でパウロはこう語っています。

「しかしあなたがたは、キリストをそのように学んだのではありません。ただし、本当にあなたがたがキリストについて聞き、キリストにあって教えられているとすれば、です。真理はイエスにあるのですから。その教えとは、あなたがたの以前の生活について言えば、人を欺く情欲によって腐敗していく古い人を、あなたがたが脱ぎ捨てること、また、あなたがたが霊と心において新しくされ続け、真理に基づく義と聖をもって、神にかたどり造られた新しい人を着ることでした。」

ここに私たちに与えられる新しい人の姿、私が私以外の存在になるというのではなく、神によって造られた本来の人間の姿、罪と堕落の中から神の霊によって再生された新しい人の姿への回復の道筋が示されています。それはまさしく、イエス・キリストに似たものとされていくという道筋です。主イエス・キリストを信じて救われるというのは、主イエスの教えを信じることによって、人としての生き方が良くなる、人生の問題が解決する、人生を生きていく知恵が与えられる、心の支えができるなどということにとどまりません。たしかにそういうものを含んでいるとはいえ、しかしそれらを圧倒するものです。

主イエス・キリストを信じて救われるとは、私が本当の人間になるということ、御子イエス・キリストの似姿に変えられ、このお方と一つに結び合わされ、このお方のものとされていくということです。主イエスは今日も、この救いの中に今日も私たちを招いてくださいます。

第四主日　第九問～第一一問

五　あわれみの神、義なる神

①神は不正なお方か

ハイデルベルク信仰問答は第三問で、人間が自分自身の悲惨さを知るのは律法によると教えました。神の基準が示されることで、そこから外れてしまっている人間の姿があらわにされるのです。

創世記三章には、最初の人間アダムとエバの罪への堕落の様子が記されますが、そこに現れる人間の罪の姿の一つは「責任転嫁」でした。三章一一、一二節にこうあります。

「主は言われた。『あなたが裸であることを、だれがあなたに告げたのか。あなたは、食べてはならない、とわたしが命じた木から食べたのか。』人は言った。『私のそばにいるようにとあなたが与えてくださったこの女が、あの木から取って私にくれたので、私は食べたのです。』」

ここでアダムは、神から禁じられた善悪の知識の木の実を食べたことを咎められて、その責任をエバのせいにしますが、そこでは「私のそばにいるようにとあなたが与えてくださったこの女」といって、暗に神ご自身にまでその責任を転嫁しようとしているかのようです。いかに私たちが自分の罪と悲惨と向き合うことなく、いつもだれかのせいにしてその場を切り抜けようとするのか、そんな姿と直面させられます。

第九問も、そのようにして神に責任を転嫁しようとする私たちの心があらわになるような問答です。

問九 御自身の律法において人ができないようなことを求めるとは、神は人に対して不正を犯しているのではありませんか。

答 そうではありません。なぜなら、神は人がそれを行えるように人を創造されたからです。にもかかわらず、人が悪魔にそそのかされ、身勝手な不従順によって自分自身とそのすべての子孫からこの賜物を奪い去ったのです。

私たちが罪と悲惨の中にあるのは、罪を罪と定める律法を与えた神のせいでなく、まして神が不正なお方であるからなどと言うことはできない。その責任はどこまでも私たち人間自身にあると、もはや言い逃れはできないところに私たちは置かれるのです。

②神の怒りと裁き

さらに、罪を犯した私たちに現れるもう一つの姿は、自分の罪を過小評価しようとする姿です。責任転嫁と過小評価。いずれも深刻な悲惨な姿です。自分の罪をできるだけ小さなものとし、大したことはない、だれでもしていることだ、罰を受けるほどのことではないと、罪を犯しておきながら、その裁きを回避しようとするのです。

しかし、続く第一〇問ではこう教えられます。

問一〇　神はそのような不従順と背反《はいはん》とを罰せずに見逃されるのですか。

答　断じてそうではありません。それどころか、神は生まれながらの罪についても実際に犯した罪についても、激しく怒っておられ、それらをただしい裁きによってこの世においても永遠にわたっても罰したもうのです。それは、

「律法の書に書かれているすべての事を絶えず守(り行わ)ない者は皆、呪われている」と神がお語りになったとおりです。

この教えを支えているのは申命記二七章二六節、ガラテヤ人への手紙三章一〇節です。

「律法の書に書いてあるすべてのことを守り行わない者はみな、のろわれる。」

神は罪に対して徹底した態度を取られる。この点において、私たちは主なる神を侮ることは許されないのです。

③あわれみの神、義なる神

そこで大切なのが第一一問です。

問一一 しかし、神は憐れみ深い方でもありませんか。

答 確かに神は憐れみ深い方ですが、またただしい方でもあられます。ですから、神の義は、神の至高の尊厳に対して犯される罪が、同じく最高の、すなわち永遠の刑罰をもって体と魂とにおいて罰せられることを要求するのです。

私たちはしばしば、旧約の神は怒りと裁きの神、新約の神は救いと赦しの神というイメージを持つことがありますが、旧約において示される主なる神のお姿は、なんといっても「あわれみの神」のお姿です。イスラエルをあわれみ、幾度も罪を犯す民を忍耐をもって見捨てることなく、ご自身が結んだ契約にどこまでも誠実を尽くしてくださるお方、それが主なる神のお姿です。

しかし、だからこそ私たちが忘れてならないのは、あわれみの神は同時に義なる神であるという事実です。神のあわれみを知ることは、その神におもねり、あわれみを先に値踏みして、赦しを担保にするためのものではないはずです。「どうせ許されるのだから罪を犯そう」ということは絶対にあり得ないと、パウロがローマ人への手紙六章で強調するとおりです。また出エジプト記三四章六、七節では次のように語られます。

「主、主は、あわれみ深く、情け深い神。怒るのに遅く、恵みとまことに富み、恵みを千代まで保ち、咎と背きと罪を赦す。しかし、罰すべき者を必ず罰して、父の咎を子に、さらに子の子に、三代、四代に報いる者である。」

神の義。それは時に私たちには厳しいものに見えますが、この義が全うされなければ御子イエス・キリストの贖いもなく、私たちの救いもないのです。御子イエスが十字架の上で私たちの身代わりとなってくださったのは、私たちが満たすことのできない律法の要求を代わりに満たし、神の義を満足させてくださったからにほかなりません。

そこで、最後に目を留めておきたいのは第一一問の次のことばです。

神の義は、神の至高の尊厳に対して犯される罪が、同じく最高の、すなわち永遠の刑罰をもって体と魂とにおいて罰せられることを要求するのです。

ここで神の義が「体と魂とにおいて罰せられること要求する」と語られるとき、私のからだと魂の真実な救い主（第一問）であるイエス・キリストを念頭に置いていることは明らかです。つまり、この神の義が求める罪への裁きと罰は、私たちの上にではなく、神の御子、我らの贖い主イエス・キリストの上に下されたのです。

「律法の書に書いてあるすべてのことを守り行わない者はみな、のろわれる」（ガラテヤ三・一〇〔申命二七・二六参照〕）のですが、「キリストは、ご自分が私たちのためにのろわれた者となることで、私たちを律法ののろいから贖い出してくださいました。『木にかけられた者はみな、のろわれている』と書いてあるからです」（ガラテヤ三・一三〔申命二一・二三参照〕）とあるように、私たちの罪は主イエス・キリストが身代わりとなって神さまの義の要求を全うし、罪への刑罰としてののろいをその身に引き受けて、最終的な解決を得てくださったのです。そこでは神さまの義はいささかも損なわれることはなく、むしろ、その義と聖において救いを全うしてくださいました。

こうして御子イエス・キリストが贖いを成し遂げられたゆえ、父なる神の御前に義を満たし、その義が今や御子イエス・キリストを信じる私たちのものとされる。キリストの勝ち取ってくださった義が、聖霊によって私たちに転嫁され、父なる神の御前に私たちもまたキリストにあって、キリストのゆえに、キリストのおかげで義なる衣を着せられた新しい人、神の子どもとして立つことが許される。私たちにまことのいのちを与えるために、父なる神が、御子イエス・キリストにより、聖霊によって成し遂げてくださった救いの御業とは、実にこのようなことだったのです。

第二部　人間の救いについて

ただ一人の仲保者

第五主日　第一二問〜第一五問

六　救い主とはだれか

①神の義を満たす方

ハイデルベルク信仰問答は第二問において、私たちがただ一つの慰めの中で喜びに満ちて生き、また死ぬためには、三つのことを知らなければならないと教えました。その第一が「どれほどわたしの罪と悲惨が大きいか」、第二が「どうすればあらゆる罪と悲惨から救われるか」、そして第三が「どのようにこの救いに対して神に感謝すべきか」ということでした。

今回学ぶ、第五主日の第一二問から第三一主日の第八五問までは、「第二部　人間の救いについて」とあるように、私たちの救いに関わる教えが語られる、いわば信仰問答の一番大切なところです。

すでに第一一問までで、私たちが生まれつき罪と悲惨の中にあること、罪ある私たちに対して、神はご自身の義に基づき永遠の刑罰を下されることが教えられました。そこで続く第一二問では次のように言われます。

問一二　わたしたちが神のただしい裁きによってこの世と永遠との刑罰に値するのであれば、この刑罰を逃れ再び恵みにあずかるにはどうすればよいのですか。

答　神は、御自身の義が満たされることを望んでおられます。ですから、わたしたちはそれに対して、自分自身によってか他《た》のものによって、完全な償《つぐな》いをしなければなりません。

ここでまず明確にされるのは、「神は御自身の義が満たされることを望んでおられる」ということです。前の第一一問で、神は憐れみ深い方であると同時に義なる方であって、ご自身の義を曲げることも罪を見過ごすことも決してなさらないと教えられました。私たちが救われるためには神の義が満たされる必要がある。そのために私たちは「自分自身によってか他のものによって、完全な償いをしなければならない」のです。

「償い」の思想が正しく取り戻されたのは宗教改革の時代でした。中世の時代には、「償い」が「刑罰」を逃れるための手段とされ、刑罰を回避するために人が支払うべき賠償金がどんどんと跳ね上がっていったのです。ルターの改革運動のきっかけとなった、当時のローマ・カトリック教会の免償制度の背景にあったのも、このような事情です。しかしハイデルベルク信仰問答は、神がご自身の義の貫徹を要求され、その要求が通る以外に救いがないことを明言します。つまり、神の罪への裁きが回避されるような償いではなく、神の裁きに完全に服することによる償いが求められているのです。

しかしそこで重要なのが、「自分自身によってか他のものによって」(傍点筆者)と語られる点です。本来ならば、この償いは罪を犯した私たちに要求されるべきことですが、ここでは私たち以外の「他のもの」の償いの可能性が示唆されています。ここですでに仲保者キリストへと向かう伏線が張られているのです。私たち人間が自分自身によっては罪の償いができないことをご存じのはずの神が、それでも私たちに対するご自身の義の要求を貫き、償いを要求されるのはなぜでしょうか。それは、私たち人間が果たし得ない罪の償いを、私たちに代わる「他のもの」に成し遂げさせようとする神の意志の表れです。

神は、ご自身の義の要求を私たち人間の償いで満たそうとは考えておられない。むしろその要求を満たすために、ご自身の御子イエス・キリストを差し出そうとしておられることがわかるのです。

②償いのできない人間

神への償いを「自分自身によってか他のものによって」しなければならないと信仰問答は教えるのですが、これについて、続く第一三問で次のように教えられます。

問一三　しかし、わたしたちは自分自身で償いをすることができますか。

答　決してできません。それどころか、わたしたちは日ごとにその負債を増し加えています。

こうしてまず、人間が自分自身の力で神の義の要求を満たす可能性が否定されます。人は、決して己の力によって神の前に義なる者となることはできない。これが宗教改革の教会が、徹底的にこだわった人間の姿です。人の罪の現実は決して軽い程度のものでなく、汚れや病といったものでもありません。どれほどの善行を積み上げても、私たちは自分自身の罪の償いをすることなどできず、それればかりか、なお神の御前に罪の負債を増し加えているとさえ言われるのです。

では、人間でだめなら他の被造物ならどうでしょう。

問一四 それでは、単なる被造物である何かがわたしたちのために償えるのですか。

答 いいえ、できません。なぜなら、第一に、神は人間が犯した罪の罰を他の被造物に加えようとはなさらないからです。第二に、単なる被造物では、罪に対する神の永遠の怒りの重荷に耐え、かつ他のものをそこから救うことなどできないからです。

人間の罪は人間によって償われなければならない。他のものがその代わりになることはできないのです。

③神であり、人であられる仲保者

自分の力ではだめ、他の被造物によってもだめ、となれば、いったい私たちの罪はだれによって償われることができるのか。第一五問は言います。

問一五　それでは、わたしたちはどのような仲保者《ちゅうほしゃ》また救い主を求めるべきなのですか。

答　まことの、ただしい人間であると同時に、あらゆる被造物にまさって力ある方、すなわち、まことの神でもあられるお方です。

ここにおいて、ただ一人私たちの罪を償うことのできる「仲保者」が指し示されます。「仲保者」とは、神と人との間に結ばれた「契約の仲保者」であり、この契約が全うされることの「保証人」を意味しますが、この仲保者は「まことの、ただしい人間であると同時に、あらゆる被造物にまさって力ある方、すなわち、まことの神でもあられるお方」とされます。

ハイデルベルク信仰問答は、まだこの段階では「まことの、ただしい人間であると同時に、……まことの神でもあられるお方」がいったいだれなのかを明言しませんが、しかしそれは、はっきりしています。ただ一人の救い主とはだれか。それは神のひとり子、人となって私たちのもとに来られたイエス・キリストです。御子イエス・キリストが、父なる神と私たちとの間の仲保者として、神の義に基づく罪への刑罰をすべてその身に引き受けてくださり、それによって神への償いとなってくださいました。パウロがコリント人への手紙第二、五章二一節で次のように語っているとおりです。

「神は、罪を知らない方を私たちのために罪とされました。それは、私たちがこの方にあって神の義となるためです。」

父なる神は、本来私たちが受けなければならない裁きの身代わりとして、ご自身の義を満たすために、愛する御子を罰せられました。御子がその罰を受けることによって私たちの償いをなし、それによって、本来私たちに期待されていた律法の要求をも全うしてくださいました。このようにして神の義の要求は満たされ、神への償いは全うされたのです。

第六主日　第一六問〜第一九問

七　ただ一人の仲保者

①私たちのための神の御心

ハイデルベルク信仰問答は先の第五主日で、罪の中にあって、もはや自分自身によって神の御前に義の要求を満たすことのできない私たちが、神の御前に回復させられるために、神と私たちとの間を取り持ち、身代わりとなって神の義を満たしてくださる仲保者が必要であると教えました。そこで続く第六主日では、この神と人との間に立ってくださるまことの仲保者が、いかなるお方であるかが順を追って明らかにされていきます。

まず、テモテへの手紙第一、二章四～六節によって、この仲保者が神の御子イエス・キリストご自身であることを確かめておきましょう。

「神は、すべての人が救われて、真理を知るようになることを望んでおられます。神は唯一です。神と人との間の仲介者も唯一であり、それは人としてのキリスト・イエスです。キリストは、すべての人の贖いの代価として、ご自分を与えてくださいました。これは、定められた時になされた証しです。」

ここでまず私たちがはっきりと心に留めなければならないのは、父なる神が望んでおられる私たちのための御心は、「すべての人が救われて、真理を知るようになること」だということです。私たちに対してどこまでも義を要求される神は、決して私たちを忌み嫌い、遠ざけようとするお方ではない。むしろ、どうにかして罪の中に溺れている私たちを助け出そうと願い、そこで取り得た唯一の手段が、愛する御子イエス・キリストを私たちの身代わりとして送ってくださるということだったのです。

今回取り上げている第六主日は、時にこの信仰問答の「弱点」と呼ばれる箇所です。人間の側の必要性から説き起こして「まことの仲保者とはだれか」と問うという道筋が、人間の理屈から考えようとする点で、あまりに思弁的であると言うのです。私たちが、イエス・キリストに辿り着くことなく、他の仲保者を捜すとするならば、この批判は当たってしまうでしょう。大切なことは、父なる神が私たちの救いのために与えてくださった御子イエス・キリストを、絶えず見つめ続けることです。

②まことの人、まことの神

そこで、第一六問と第一七問で、ただ一人がまことの人であり、まことの神でなければならない理由が述べられます。

問一六　なぜその方は、まことの、ただしい人間でなければならないのですか。

答　なぜなら、神の義は、罪を犯した人間自身がその罪を償うことを求めていますが、自ら罪人であるような人が他の人の償いをすることなどできないからです。

問一七　なぜその方は、同時にまことの神でなければならないのですか。

答　その方が、御自分の神性の力によって、神の怒りの重荷をその人間性において耐え忍び、わたしたちのために義と命とを獲得し、それらを再びわたしたちに与えてくださるためです。

ここで問題とされているのは、第一に仲保者がまことの人であり、まことの神であることは私たち人間の側からの必要によるのでなく、神の義の要求に基づいているということです。神がご自身の義を全うし、かつ罪人を救うご自身の憐れみを全うするために、このような仲保者をお立てになるということなのです。

第二に、ここで引証聖句にローマ人への手紙五章一二、一五節が引かれているように、問題は最初の一人の人アダムの罪であり、この最初の人の罪によって全人類に及んでいる罪を解決することが必要なのです。しかし、私たち人間にはその罪の解決をすることができない。罪人である私たちは、罪人のために償いをすることができないだけでなく、自分自身の償いさえできない。ですから、それができる一人の人の償いによって罪の状態から回復されることが神の御心であり、要求であると言うのです。そして、本来ならば自らが償うべき罪を、それをなし得ない人間のために、この一人の正しい人が私たちの身代わりとなって罪を償ってくださった。それによって律法の要求は満たされたのです。

では、なぜその方が同時にまことの神でなければならないのか。それは「その方が、御自身の神性の力によって、神の怒りの重荷をその人間性において耐え忍び、わたしたちのために義と命とを獲得し、それらを再びわたしたちに与えてくださるため」と教えられます。人間の罪のために下される神の怒りの重荷を耐え忍び、私たちのために義といのちとを獲得して再びその祝福にあずかるようにさせてくださるのは、神のみがなし得るわざです。神的な力を帯びた人というのではなく、まさしく神であるということなしには、神の怒りを耐え忍び、義といのちを獲得することはあり得ないのです。

このように「仲保者」は、神の前にまことの人としてその罪の罰に服することによって律法ののろいを引き受け、律法の要求を全うすることによって、私たちのために義といのちを獲得してくださいました。それこそが、まことの神であり人である仲保者によってのみ可能なことでした。

③ただ一人の仲保者

まことの神にして、まことの人である仲保者とはだれか。その答えが、第一八問に至ってはっきりと語られます。

問一八　それでは、まことの神であると同時にまことのただしい人間でもある、その仲保者とはいったいどなたですか。

答　わたしたちの主イエス・キリストです。この方は、完全な贖いと義のために、わたしたちに与えられているお方なのです。

ここで初めて、ただ一人の仲保者が「わたしたちの主イエス・キリスト」と語られます。しかし、内容的にはすでにこのことは明らかにされていました。そもそも主イエス・キリストがご自身の贖いの御業をなしてくださらなければ、私たちがこのような仲保者を求めることすらあり得なかったのです。その意味では、先にも触れたように、ハイデルベルク信仰問答の仲保者論は、私たちのうちにある「救い主」の観念から出発して主イエス・キリストに至るという道筋をとっているのではなく、最初から一貫して、ただ一人の仲保者なるイエス・キリストのことを語るという道筋を通ってきたと言えるでしょう。

キリストは律法ののろいに服し、義の要求を全うすることによって私たちの完全な贖いと義となってくださいました。コリント人への手紙第一、一章三〇節で「キリストは、私たちにとって神からの知恵、すなわち、義と聖と贖いになられました」と言われるとおりです。

この「私たち」の主イエス・キリストが贖いによって獲得された義と聖が、今や「私たちのため」に与えられている。キリストの成し遂げられた客観的な御業が、「私たちのため」という主観において受け取られる。それは聖霊なる神の御業です。聖霊が私たちのうちに救いへの召しを与えてくださり、キリストの贖いを当てはめてくださり、キリストを信じる信仰を起こしてくださり、私たちをキリストに結び合わせ、キリストのものとしてくださる。これがハイデルベルク信仰問答を貫く太い線なのです。

③聖なる福音によって

私たちのためのただ一人の仲保者であられるイエス・キリストを、どのようにして知ることができるのか。第一九問は次のように言います。

問一九 あなたはそのことを何によって知るのですか。

答 聖なる福音によってです。それを神は自ら、まず楽園で啓示し、その後、聖なる族長たちや預言者たちを通して宣べ伝え、律法による犠牲や他の儀式によって象《かたど》り、御自身の愛する御子によってついに成就なさいました。

ここで語られているのは、いわば旧新約聖書の要約です。私たちは福音というとすぐに主イエス・キリストの生涯とその御業の知らせを思いますが、ここではそれをさかのぼって旧約から、しかも最初の人間に対する語りかけ（創世三・一五）から福音を語り出します。この信仰問答の説き起こし方は重要です。旧新約聖書を貫いて、神は福音を語り続けていてくださいます。

神の人間への救いの意志とそのご計画、そして、主イエス・キリストによるその成就の全体がここで言う「聖なる福音」の中身です。それは神の人間に対する約束、契約の成就の歴史と言ってもよいものです。この旧新約を貫く聖なる福音の全体が、今も私たちに「福音の説教」を通して語りかけられ、私たちはこの福音の説教を通してまことの救い主、契約の仲保者である主イエス・キリストに出会うことができるのです。

御言葉の説き明かしである説教において、今日もイエス・キリストは語られる。これは宗教改革の教会の大切な確信でした。ハイデルベルク信仰問答と同時代に作られた第二スイス信仰告白には、「神の言葉の説教が神の言葉である」という有名な告白があります。それは、牧師の語ることばが何か魔術的で超自然的な力を持っているということでなく、その説教を通して、今も生きておられるただ一人の仲保者が私たちの語ってくださるという信仰の表明です。ここに教会が福音を宣べ伝える一番の理由があります。聖なる福音をゆだねられた教会は、この福音を宣べ伝え続けることによって、ただ一人の救い主、ただ一人の仲保者イエス・キリストとの出会いへと人々を招くために建てられ、遣わされていくのです。

まことの信仰・使徒信条

第七主日　第二〇問〜第二三問

八　まことの信仰

①まことの救い

使徒信条を説き明かす第二〇問から第五八問は、ハイデルベルク信仰問答の第二部「人間の救いについて」の中心的な部分です。ここまでのところで人間の罪を語り、仲保者キリストを語るにあたって、最初の人を「第一のアダム」、イエス・キリストを「第二のアダム」とするローマ人への手紙の教えに従ってきましたが、人間の救いを教えるにあたっても同様な扱いがなされます。

問二〇　それでは、アダムを通して、すべての人が堕落したのと同様に、キリストを通してすべての人が救われるのですか。

答　いいえ。まことの信仰によってこの方と結び合わされ、そのすべての恵みを受け入れる人だけが救われるのです。

ここでは一人の人アダムによって人間全体に罪が入ったのと同様に、一人の人イエス・キリストによって救いが与えられていることが教えられています。人間の罪についても、罪からの救いについても、いずれにしても一人の人によって、というのが共通点です。

しかし、この「アダムと私たち」と「イエス・キリストと私たち」という二つの関係はすべてが同じではありません。「いいえ、まことの信仰によってこの方と結び合わされ、そのすべての恵みを受け入れる人だけが救われるのです」とあるように、救いに必要なのは「まことの信仰」であると言われます。すなわち、最初の人アダムとの関係は原罪によるのに対して、イエス・キリストとの関係は信仰によって結び合わされ、受け入れられるものだと教えられているのです。ここには後の第七六問において、キリストと「いよいよ一つにされてゆく」というキリストとの結合の恵みが先取りされています。

ここで教えられていることは「選び」の教理です。聖書によれば、すべての罪人が救われるのではなく、ただ神の恵みによって選ばれた者が救いに入れられるのですが、ハイデルベルク信仰問答は「選びによって」と言わず、「まことの信仰によって」と言います。つまり神の側からの「恵みの選び」は、私たちの側の「まことの信仰」として確かにされるということです。私たちが神の恵みによって選ばれているとは、まことの信仰によって仲保者イエス・キリストと結び合わされ、そのすべての恵みを受け入れていることなのです。

②まことの信仰

ハイデルベルク信仰問答が、このような主イエス・キリストの恵みを受け入れる姿をもって、「まことの信仰」と言い表すところに心を留めたいと思います。しかもただ「信仰」と言わず、「まことの」とあえて言う点に、「まこと」でない信仰によって揺さぶられていた当時の教会の姿があったことが想像できるでしょう。実際、ハイデルベルク信仰問答の主たる起草者であったウルジヌスは、その注解の中で「まことの信仰」以外に、聖書の記述を単に歴史的事実として認めるのみの「歴史的な信仰」、初めは喜んで信じても、迫害や困難になると離れてしまう「一時的な信仰」、奇跡や超自然的なわざのみを信じようとする「奇跡的な信仰」があると説明しています。

しかし、これは単に一六世紀のドイツに限ったことではなく、今日もさまざまな誤った教えの風が教会に吹き荒れる時代であることを考えれば、私たちがくり返し確認し続けるべき大切な点と言えるしょう。

そこで、第二一問でとても大切な「まことの信仰」についての問答が記されます。

問二一　まことの信仰とは何ですか。

答　それは、神が御言葉においてわたしたちに啓示されたことすべてをわたしが真実であると確信する、その確かな認識のことだけでなく、福音を通して聖霊がわたしのうちに起こしてくださる、心からの信頼のことでもあります。それによって、他の人々のみならずこのわたしにも、罪の赦しと永遠の義と救いとが神から与えられるのです。それは全く恵みにより、ただキリストの功績によるものです。

第二一問は、宗教改革の神学が確信した信仰と救いについての教理がすべて収められている大変優れた定義であると言えます。そこでは「まことの信仰」とは、御言葉に対する

「確かな認識」であり、福音を通して聖霊が起こしてくださる「心からの信頼」と言われます。御言葉と聖霊、認識と信頼の分かちがたい関係と、その中での聖霊の決定的な働きが教えられているのです。

第二一問の引証聖句の一つであるヨハネの福音書一七章は、主イエス・キリストが十字架を前にして父なる神に向かい、私たちのためのとりなしの祈りをささげてくださった「大祭司の祈り」と呼ばれる御言葉です。そこで主はこう祈ってくださいました。

「父よ、時が来ました。子があなたの栄光を現すために、子の栄光を現してください。あなたは子に、すべての人を支配する権威を下さいました。それは、あなたが下さったすべての人に、子が永遠のいのちを与えるためです。永遠のいのちとは、唯一のまことの神であるあなたと、あなたが遣わされたイエス・キリストを知ることです」(一～三節)。

ハイデルベルク信仰問答が説く「まことの信仰」の中核にある「確かな認識」と「心からの信頼」は、決してそれぞれに切り離されるものではありません。相手を知らなければ心から信頼することはできませんし、信頼なしに相手の姿をありのままに知ることもできません。

そして、この両者を結ぶのは父なる神に対する「愛」です。聖書が「知る」と言うときには単なる知識の蓄積を超えた、人格的な愛の交わりが指し示されています。しかもその愛は、私の中から自然と湧き上がってくるものではなく、まさに恵みによって神が与えてくださるものです。その愛の中で私たちは主の愛を知り、主への信頼が与えられ、主を愛するがゆえに主を知ることへの熱心がかきたてられ、そうしてますます主を信頼する者へと建て上げられていくのです。

これまで第二一問を「信仰の定義」と呼んできましたが、その呼び方はふさわしくないかもしれません。信仰とは「定義」されるような固定的なものではなく、聖霊によって生きて働くものだからです。その意味では、ここで語られているのは、聖霊なる神が私たちのうちにどのように信仰を起こし、それによって救いを与えてくださるかを示す一筋の道筋であると言ってよいのではないでしょうか。

そのようにして第二一問を読み直すときに、あらためて重要な意味を帯びてくるのが「聖霊」と「わたし」の関係です。救いはまったく神のわざであり、神の選びに基づいています。そこでは「わたし」の努力や意志、善行が果たす役割はありません。救いは「信仰のみ」「恵みのみ」によっており、信仰もまた神の恵みとして、聖霊によって与えられるものです。

その一方で、「まことの信仰」が「確かな認識」と「心からの信頼」と教えられたように、そこでは、信じる「わたし」が固有な位置を占めています。聖霊は「わたし」のうちに信仰を起こし、「わたし」の口を通して「イエスは主」と告白させるのであって、「聖霊」と「わたし」の間には密接な関わりがあるのです。

また第二一問でくり返し「わたしが真実であると確信する」「わたしのうちに起こしてくださる」「このわたしにも、罪の赦しと永遠の義と救いとが神から与えられる」として、「わたし」が強調される点も重要です。結局のところ、「救い」ということをどれほど客観的な事柄として語っていても意味のないことであって、それが「わたし」に当てはめられてこそ、初めてまことに「わたし」の救いが成し遂げられるのであり、それこそが聖霊が「まことの信仰」によって私たちに与えてくださるものです。

③信仰の要約——使徒信条

このような信仰の定義を受けて、第二二問、第二三問は言います。

問二二　それでは、キリスト者が信じるべきこととは何ですか。

答　福音においてわたしたちに約束されていることすべてです。わたしたちの公同の疑いなきキリスト教信仰箇条が、それを要約して教えています。

問二三　それはどのようなものですか。

答　我は天地の造り主、全能の父なる神を信ず。我はその独り子、我らの主、イエス・キリストを信ず。主は聖霊によりてやどり、処女マリヤより生まれ、ポンテオ・ピラトのもとに苦しみを受け、十字架につけられ、死にて葬られ、陰府にくだり、三日目に死人のうちよりよみがえり、天にのぼり、全能の父なる神の右に座したまえり、かしこより来りて生ける者と死ねる者とを審さたまわん。我は聖霊を信ず、聖なる公同の教会、聖徒の交わり、罪のゆるし、身体のよみがえり、永遠《とこしえ》の命を信ず。

こうして、続けて使徒信条の講解が始まります。そこには「福音においてわたしたちに約束されていることすべて」が要約されています。

九　父、子、聖霊を信じる

第八主日から、使徒信条の解説が始まります。まず第二四問で、使徒信条の内容が三つに区分されます。

①信仰の奥義

問二四　これらの箇条はどのように分けられますか。

答　三つに分けられます。第一に、父なる神と、わたしたちの創造について、第二に、子なる神と、わたしたちの贖いについて、第三に、聖霊なる神と、わたしたちの聖化についてです。

キリスト教信仰の告白の中心は何かと問われれば、それは二つのことであると言うことができるでしょう。一つは「イエスは神であり人である唯一の救い主である」とキリストの二性一人格についての告白、もう一つは「父、子、聖霊の三つにして一つなる神を信ず」という三位一体の神についての告白です。教会の教理はこの二つの告白の上に立ち続け、この告白を言い表し続けることで形成されてきたと言ってもよいほどなのです。その証しとなるものが、「公同信条」と呼ばれる四つの信条、すなわち使徒信条、ニカイア・コンスタンティノポリス信条、カルケドン信条、アタナシオス信条です。

②父、子、聖霊を信じる

古くから三位一体の教えは、キリスト教信仰最大の奥義、最重要の教理として扱われてきました。そこで、この教理を説くにあたっては、奥義の領域であることをわきまえながら、主として神の存在の在り方からの説明（存在論的／本体論的三位一体）と、神の歴史における働き方からの説明（経綸的／職務論的三位一体）の二通りの仕方がとられてきました。

ハイデルベルク信仰問答は、ここで後者の方法によって三位一体を説いていきます。すなわち父なる神は、私たちの救いのご計画を立てる主宰者として主に「創造と摂理」の御業において働かれ、御子イエス・キリストは父なる神の救いのご計画を果たし、私たちの救いを成し遂げる実行者として主に「贖い」の御業において働かれ、聖霊なる神は、御父が主宰し、御子が成し遂げた贖いを私たちにもたらし、キリストの聖に結びつける適用者として主に「聖化」の御業ために働かれると言うのです。

しかし、このことは父、子、聖霊がそれぞれ独自に働くことを意味してはいません。教会の教父たちは、「三位一体の神の内なる業は分かたれる」、「三位一体の神の外なる業は分かたれない」と説明しました。

つまり、永遠の神の存在において父、子、聖霊の各位格はそれぞれ固有な存在の様式を持ちつつ、それが歴史において働かれるときには、一つの神のわざとして実行されると言うのです。

父・子・聖霊の三位一体の神は、各位格のありようにしたがって、創造、贖い、聖化においてそれぞれに働きつつ、しかも別個な働きではなく、ただおひとりの神のわざとして私たちにもたらされる。つまり、三位一体の神が総がかりで私たちの「創造・贖い・聖化」という救いの御業に取り組んでくださるというのが、三位一体の教理の勘所です。

その上で使徒信条の本文を見ると、父、子、聖霊への告白は同じバランスではなく、むしろ内容においても分量においても、その中心はイエス・キリストとその御業に置かれていることに気づきます。ここに、私たちが三位一体の神について考える道筋が示されていると言えるでしょう。私たちが三位一体の神を告白するのは、あくまでも「イエスは主である」という告白からの道筋であるということです。私たちは父なる神を、主イエス・キリストの父なる神として信じ、聖霊なる神をイエス・キリストの霊として信じるのです。

歴史において救いの御業を成し遂げられた主イエス・キリストからすべてをとらえていくときに、御子イエス・キリストを私たちに賜った父なる神と、天に上げられた御子イエス・キリストから遣わされた、助け主なる聖霊についての告白が生み出されてくるのです。

③私たちのための三一の神

私たちが三位一体の神を知り、信じ、告白できるのは一体なぜなのでしょうか。第二五問は次のように述べています。

問二五　ただ一人の神がおられるだけなのに、なぜあなたは父、子、聖霊と三通りに呼ぶのですか。

答　それは、神が御自身についてそのように、すなわち、これら三つの位格《いかく》が唯一まことの永遠の神であると、その御言葉において啓示なさったからです。

ここには、私たちが三位一体の神について語り得る最大限のことばがあります。私たちが父・子・御霊の三つにして一人の神と告白するのは、それが御言葉において啓示されたゆえであると言うのです。三位一体の神を認識させるのは啓示による知識のみです。それは私たちの側からの類推や地上にある諸現象からの類比によってはたどり得ない、御言葉によって与えられる啓示による知識であり、私の救いはいかにして成り立つのか、という信仰の論理によってのみ理解し得る知識なのです。

そこで、第二五問の引証聖句であるテトスへの手紙三章五、六節にこう記されています。

「神は、私たちが行った義のわざによってではなく、ご自分のあわれみによって、聖霊による再生と刷新の洗いをもって、私たちを救ってくださいました。神はこの聖霊を、私たちの救い主イエス・キリストによって、私たちに豊かに注いでくださったのです。」

ここには、私たちを罪から救い出すために、父なる神が、御子イエス・キリストによる贖いの御業を、聖霊によって私たちのもとに届け、それによって私たちを罪と滅びの中から救い出してくださった経過が語られています。三位一体の神は、思弁の世界、抽象の世界であれこれと論じてわかるようなお方ではなく、私たちを救ってくださる生けるまことの神として信じ仰ぐときにはじめてわかるお方です。外側から三位一体という概念を眺めて、どのような構造、どういう論理で成り立っており、どうやってそれが証明できるか、論証できるかといくら考えを凝らしてみても、そのような問いの立て方では見えてこない神の御姿がある。しかし、ひとたび私たちが救いの神として信じ仰ぐならば、そこから確かに見えてくる御姿がある。それこそが、私の救いのために生きて働いてくださる父、子、聖霊の神の、慈しみと愛と慰めに満ちた御姿なのです。

父なる神について

第九主日　第二六問

一〇　わたしの神、わたしの父

①父なる神を信じる

いよいよ第二六問から使徒信条の説き明かしがスタートします。

問二六　「我は天地の造り主、全能の父なる神を信ず」と唱える時、あなたは何を信じているのですか。

答　天と地とその中にあるすべてのものを無から創造され、それらを永遠の熟慮と摂理とによって今も保ち支配しておられる、わたしたちの主イエス・キリストの永遠の御父が、御子キリストのゆえに、わたしの神またわたしの父であられる、ということです。わたしはこの方により頼んでいますので、この方が体と魂に必要なものすべてをわたしに備えてくださること、また、たとえこの涙の谷間へいかなる災いを下されたとしても、それらをわたしのために益としてくださることを、信じて疑わないのです。なぜなら、この方は、全能の神としてそのことがおできになるばかりか、真実な父としてそれを望んでもおられるからです。

第二六問と続く第一〇主日の第二七問、第二八問には、ハイデルベルク信仰問答全体の中でも、ひときわ心に響く慰めに満ちたことばが記されています。「今、このとき」を生きる私たちがよく味わっておきたい大切な信仰のことばです。

ここに言い表されていることを一言でまとめれば、天地万物の創造者なる全能の神と、造られた私たち人間の「遠さ」と「近さ」と言えるでしょう。「天と地とその中にあるすべてのものを無から創造され、それらを永遠の熟慮と摂理とによって今も保ち支配しておられる、わたしたちの主イエス・キリストの永遠の御父」なる神、それは私たちを超えた絶対的な存在であり、私たちとの間にあらゆる点で大きな隔たりを持つ「遠い」お方です。ところがその神が、「御子キリストのゆえに、わたしの神またわたしの父であられる」と言われて、私たちに「近い」お方であると告白されているのです。

②御子イエス・キリストに結ばれて

全知全能の創造者なるお方を、被造物にすぎない私たちが「父」と呼び得るのはなぜでしょうか。前回の三位一体論で学んだように、本来「父なる神」という呼び名は、第一義的には御子イエス・キリストからの呼び名です。父と子という関係は、この両者においてのみ成り立つはずのものでした。教会は三位一体の内なるわざについて、御子は御父から永遠に生まれ、御霊は永遠に御父と御子とから出、御父は永遠に御子を生み、御霊を発出すると言い表してきました。

ところが、私たちが主イエス・キリストの贖いによって救われたとき、私たちもまたこの御子にあってイエス・キリストの父なる神を「わたしの神、わたしの父」と呼ぶことのできる世界が開かれたのです。

このことをパウロは、ローマ人への手紙八章一四～一七節で次のように語りました。

「神の御霊に導かれる人はみな、神の子どもです。あなたがたは、人を再び恐怖に陥れる、奴隷の霊を受けたのではなく、子とする御霊を受けたのです。この御霊によって、私たちは『アバ、父』と叫びます。御霊ご自身が、私たちの霊とともに、私たちが神の子どもであることを証ししてくださいます。子どもであるなら、相続人でもあります。私たちはキリストと、栄光をともに受けるために苦難をともにしているのですから、神の相続人であり、キリストとともに共同相続人なのです。」

また、ガラテヤ人への手紙四章六、七節でもこう言っています。

「そして、あなたがたが子であるので、神は『アバ、父よ』と叫ぶ御子の御霊を、私たちの心に遣わされました。ですから、あなたはもはや奴隷ではなく、子です。子であれば、神による相続人です。」

私たちが御子イエス・キリストの救いにあずかるときに、私たちのうちに聖霊が与えられ、この聖霊のお働きによって私たちは主イエス・キリストと一つに結び合わされ、それによって「神の子」としての身分を与えられ、主イエス・キリストの父なる神を「わたしの父」と呼ぶことができるようになったのです。

そうであれば、「御子キリストのゆえに」という一句がどれほど重い意味を持つかを十分に思いめぐらすことが大切でしょう。私たちが「父なる神よ」と祈るとき、そこには主イエス・キリストによって贖われ、聖霊によってキリストのものとされ、それによって

「神の子とされた」という三位一体の神の御業がすべて込められていることを知るのです。

こうしてみると、ここで語られていることは、第一問以来、何度となくくり返されてきたハイデルベルク信仰問答の中心的主題、すなわち聖霊によって「キリストのものとされること」と深く繋がっていることに気づくでしょう。「神の子とされる恵み」こそが、「キリストのものとされること」こそが、「神の子とされること」の疑うことなき現実であり、「キリストのものとされること」の確かな根拠なのです。

③ 神の創造と摂理

父なる神をまことに「わたしの神またわたしの父」と信じるとき、創造と摂理の信仰もまた大変生き生きとした告白として言い表されるようになります。続きを読みましょう。

「わたしはこの方によりたのんでいますので、この方が体と魂に必要なものすべてをわたしに備えてくださること、また、たとえこの涙の谷間へ（ラテン語版では「悩み多い生涯」）いかなる災いを下されたとしても、それらをわたしのために益としてくださることを、信じて疑わないのです。なぜなら、この方は、全能の神としてそのことがおできになるばかりか、真実な父としてそれを望んでもおられるからです。」

ある神学者はこの答えについて、「あれこれ説明せず、ただ本文を読んでじっとその内容を反芻すればよい」と言っています。たしかにくり返し味わっておきたい言葉です。

ここではとりわけ、摂理の信仰について多くのことばが費やされています。多くの場合、摂理の信仰は「運命論」や「宿命論」のように受けとめられ、私たちにはどうすることもできない神の一方的な意志、時には私たちの上に振るわれる力のようなものとしてさえ理解されがちです。たしかに私たちの人生に突然に降りかかる出来事は、時として暴力的な力として感じられるものでしょう。

しかし、摂理の信仰の運命論や宿命論との根本的で決定的な違いは、そこに人格的な存在との人格的な関係があるということでしょう。もし私たちが「神」を単に一般的な神概念としてとらえているならば、そこで起こる一切の事柄も運命論として機械的に理解されるほかありません。

しかし、私たちは概念としての「神一般」を考えているのではないのです。そうではなく、そこにおられるのは「主イエス・キリストの父」であり、「わたしの神またわたしの父」でおられるお方なのです。このことを第二六問は最後の一文で表現しています。「なぜなら、この方は、全能の神としてそのことがおできになるばかりか、真実な父としてそれを望んでもおられるからです。」

「全能の神」とは、ただそれだけを取り出すだけでは、時に私たちと遠く離れた超越的な存在としてしか知り得ないのですが、これがひとたび御子イエス・キリストのゆえに私たちの父となってくださったと信じるならば、父なる神の全能の御業は私たちに対しての「愛」の御業となり、必ずや私たちに対して「益」となる御業となるに違いないと信じることができるでしょう。「わたしはこの方により頼んでいる」（第二二問参照）という前提のもとで、私たちは父なる神の創造と摂理の御業を信じることができるのです。まさにローマ人への手紙八章二八節が語るとおりです。

「神を愛する人たち、すなわち、神のご計画にしたがって召された人たちのためには、すべてのことがともに働いて益となることを、私たちは知っています。」

一一　父の御手の中で

第一〇主日　第二七問、第二八問

① 神の今働く力

神の摂理ということを考えるとき、いつも心に浮かぶのは、あの二〇一一年三月十一日の東日本大震災の経験です。大きな苦難の中で「主よ、どうしてですか」と思わず問うた、あの経験を背負いながら、ハイデルベルク信仰問答の第一〇主日から学ぶことの意味を思います。

第二七問を読みましょう。

問二七 神の摂理について、あなたは何を理解していますか。

答 全能かつ現実の、神の力です。それによって神は天と地とすべての被造物を、いわばその御手をもって今なお保ちまた支配しておられるので、木の葉も草も、雨もひでりも、豊作の年も不作の年も、食べ物も飲み物も、健康も病も、富も貧困も、すべてが偶然によることなく、父親らしい御手によってわたしたちにもたらされるのです。

ある人はこのようなことばを読むと、一六世紀という時代の限界や制約というものを感じるかもしれません。今のように科学技術が進んでいなかった時代には、自然の力の作用の前には人間は全く無力であり、受け身になるほかなく、人々はすべてを神のなさることとして受け入れるほかなかったのだと。しかし今は科学が進み、人間の技術は発達したので、人間は神を持ち出さなくても自分たちで自然に働きかけ、これをコントロールすることができる、と。

しかし、このような考え方がいかに愚かで、傲慢なものであったか、そのような経験を私たちはさせられています。東日本大震災、そして、東京電力福島第一原発のメルトダウン、メルトスルーという出来事を経た今、自然の圧倒的な力を前にしての人間の小ささ、人間の科学や技術の行き着く先にあったものの愚かさ、それらを認めることをせず、立ち止まることもできずに進み続ける傲慢さというものをいやというほど思い知らされ、自分たちの無力感を痛感し、あきらめの境地に至ってしまっているのではないか、とさえ思えます。

しかし摂理の信仰とは、決して私たちにとってのあきらめの態度ではありません。むしろ神の摂理を信じる信仰とは、今私たちが直面しているこの深刻な終末論的事態に対して唯一の答えを与えるものであり、そこでこそ信仰が求められるものでもあるのです。

第二七問のキーワードは二つです。一つは神の摂理を「全能かつ現実の、神の力」ということ、今一つは神の摂理が「偶然によることなく、父親らしい御手によってわたしたちにもたらされる」ということです。「全能かつ現実の、神の力」とは、別の翻訳では「全能の現臨の神の力」、「神の全能なる、今働く力」、「全能の神の絶えず働く力」などとなっていますが、そこで大切なのは、全能の神の力が、今、このときも絶えず働いているという事実です。

私たちは神の摂理を、自らの人生が既定のレールの上を走るように、あらかじめすべて完全に決められているプログラムのように考えがちです。しかし、神の摂理の御業は「今働く力」であると言われるのです。もちろん地上で起こるすべてのことが神のご計画の中にあることは確かですが、その一方で私たちの父なる神は今、このときも私たちと交わりを持ちたもう「生ける神」であり「交わりの神」、「契約の神」です。

そしてこの神は、その力強い、父親らしい御手をもって、やがて新しい天と地が完成を迎える終わりの日の到来まで、この世界を保ち、治め続けていてくださるのです。

それゆえに、この世界で起きるすべてのこと、大きなことも小さなことも、甚大なことも些細なことも、幸いなことも悲しむべきことも、すべてはこの神の御手の中にあることであって、第二七問はこのことを慰め豊かなことばで言い表しているのです。

②御手の中で

この摂理の神の父親らしい愛の御手の確かさを私たちに教えるのが、ローマ人への手紙八章三八、三九節の御言葉です。

「私はこう確信しています。死も、いのちも、御使いたちも、支配者たちも、今あるものも、後に来るものも、力あるものも、高いところにあるものも、深いところにあるものも、そのほかのどんな被造物も、私たちの主キリスト・イエスにある神の愛から、私たちを引き離すことはできません。」

神を父として信じる。父なる神の御手の中に私たちが握られて、その御手からはだれも私たちを引き離すことができないと信じる。私と父なる神とを結び合わせる御子イエス・キリストを信じる。この信仰以外に、私たちはこの地上に起こる苦しみを受け取る手段はどこにもないのだと思います。それでもなお「主よ、どうして」という問いは残るかもしれない。しかしその問いもまた、私たちを愛してやまない父なる神だからこそ、真っ正面から問いかけることの許される問いとなるのではないでしょうか。

こうして信仰問答は続く第二八問で、この父なる神を信じ、そして父なる神の摂理を信じることの益を問います。

問二八　神の創造と摂理を知ることによって、わたしたちはどのような益を受けますか。

答　わたしたちが逆境においては忍耐強く、順境においては感謝し、将来についてはわたしたちの真実な父なる神をかたく信じ、どんな被造物もこの方の愛からわたしたちを引き離すことはできないと確信できるようになる、ということです。なぜなら、あらゆる被造物はこの方の御手の中にあるので、御心によらないでは動くことも動かされることもできないからです。

「どのような益を受けるか」という問いの形は、カルヴァンをはじめとする、改革派の信仰問答の特色ですが、とりわけハイデルベルク信仰問答の中で重要な役割を果たしています。一般的に改革派の教理は体系的・論理的で冷たい印象を与えると言われますが、実際には私たちの信仰にどのように益するか、ということを扱う、きわめて実践的・牧会的な響きを持つことばであって、その代表的なものが第二七問、第二八問と言えるのです。

私たちにとっての益を問うことの中には、二つの意味が込められていると言えるでしょう。一つには、摂理についての信仰は「私たちにとって」という認識がなければ、それこそ単なる運命論、宿命論に終わってしまうということです。ここでは他者の運命を云々することは許されていません。神の御前における私、聖霊の恵みによって御子イエス・キリストに結び合わされ、創造者なる全能の神をこの御子の贖いのゆえに「アバ、父よ」と呼ぶことの許されているこの「私」から発せられる問いにおいて、私たちは摂理の持つ慰めを受け取ることができるのです。

今一つのことは、「どのような益を受けますか」という問いの前提として、すでに神のなさるすべてのことは、私たちにとって益であるという信仰が横たわっている点です。これもまた、全能の神が「父なる神」であるという信仰によって支えられている確信です。伝道者の書三章一一節で「神のなさることは、すべて時にかなって美しい」と言われるとおりです。

ハイデルベルク信仰問答と同じ響きを持つことばとして、同時代の一五六一年に改革者ギイ・ド・ブレーによって作られたベルギー信仰告白の第一三条をご紹介しておきます。

「この慈愛に富んでおられる神は、すべてのものを創造された後、被造物を決して偶然や運命に委ねられず、御自身の聖なる意思に従って支配しまた導かれる、とわれわれは信じる。……神がそのようにして行われることは、人の思いを超えており、そのことについてわれわれの理解の及ぶところを超えて、好奇心を抱いてさらに尋ねようとは思わない。むしろ逆に、すべての魂はまったく謙虚と崇敬をもってわれわれには隠されている神の裁きを崇める。キリストの弟子であるわれわれには、神が御自身の言葉によって教えておられることを学ぶだけで十分であって、その限界を超えていこうとは思わない。われわれに対しては、何も偶然に起こりえず、最も良いわれわれの天の父の御心なしには何事も起こりえないと教えられるとき、この教えは言い表し難い慰めをわれわれに与える。神はまことに父らしい配慮をもってわれわれのために目を覚ましておられ、すべての被造物を従えておられる。その結果、神がすべてを数えておられるから、われわれの頭の髪の毛一本も、また一羽の雀も、御父の御心でなければ、地に落ちることはできない。そのことで、確かにわれわれは完全な安らぎをえる。すなわち、神が悪魔とすべての敵を制御しておられるので、神の許しと御心なしにはわれわれを害することはできないことを確信している。」（大崎節郎訳）

③**摂理信仰における「今」と「これから」**

第二八問には、父なる神の摂理を信じる信仰がもたらす、「今」と「これから」に対する信仰の構えが教えられています。

摂理の信仰とは、私たちに未来を予測させる魔法の眼鏡を与えるものではありません。

むしろ摂理の信仰は、「今」を生きることに対する励ましであると言えるでしょう。忍耐と感謝という人生の構え、人生のすべてが神から来ることを認めるときに与えられる構え、与えられたことを受けとめ、引き受けて生きることのできる生き方の構えを与えてくれるものです。

では、将来に対する構えはどのようなものでしょうか。私たちは、自分の前に隠されている事柄を知りたいと思います。それらがわかればもっと神を信頼できるのに、とも思います。けれども聖書の信仰の真髄は、「一つのこと」を確信していればよいと言うのです。その「一つのこと」とは、「死も、いのちも、御使いたちも、支配者たちも、今あるものも、後に来るものも、力あるものも、高いところにあるものも、深いところにあるものも、そのほかのどんな被造物も、私たちの主キリスト・イエスにある神の愛から、私たちを引き離すことはできません」というローマ人への手紙八章三八、三九節の確信なのです。

父なる神の創造と摂理を信じる信仰は、私たちを御子イエス・キリストにおいて示された父なる神の愛へと向けさせるものであり、私たちがその愛を本当に確かなものとして受け取るのは、聖霊なる神によるキリストとの結合によるということへと繋がっていきます。そのとき、私たちはこの苦難の生のただ中にあってなお、生きるにも、死ぬにもただ一つの慰めを得ることができるのです。父なる神の摂理の目的、それは私たちがキリストのものとされ、キリストと結び合わされていく、この一点に尽きるものなのです。

子なる神について

第一一主日　第二九問、第三〇問

一二　神の御子イエス

①イエス、すなわち救済者

第一一主日から第一九主日にかけて、使徒信条の中心部分でもある第二項の「子なる神」、イエス・キリストについての教えが語られます。まず第二九問を読みましょう。

問二九　なぜ神の御子は「イエス」すなわち「救済者」と呼ばれるのですか。

答　それは、この方がわたしたちをわたしたちの罪から救ってくださるからであり、唯一の救いをほかの誰かに求めたり、ましてや見出すことなどできないからです。

ここでのハイデルベルク信仰問答の関心は、単に「神の子」という存在がいかなるものであるかということ以上に、このお方が「私たち」にとっていかなる存在であるか、に向けられています。それは聖書そのものの関心といってもよいもので、聖書は一貫して、神の御子イエス・キリストを「私たちのため」のお方として証ししています。

そこでまず「イエス」という名前に注目しましょう。「イエス」という名前の由来は、旧約聖書の「主（ヤハウェ）は救い」にあります。「主は救いである」という名を持つこのお方が、マタイの福音書一章二一節が示す「ご自分の民をその罪からお救いになる」です。ですから、ハイデルベルクも次のように答えます。「それは、この方がわたしたちをわたしたちの罪から救ってくださるからであり、唯一の救いをほかの誰かに求めたり、まして や見出すことなどできないからです。」

「主は救いである」という名を持つお方が、その名のとおり、私たちを私たちの罪から救うためにこの世に来てくださり、十字架と復活の御業を通して贖いを成し遂げてくださった。それが私たちのイエス・キリストに対する信仰の中心です。ヘブル人への手紙七章二四、二五節がこう言うとおりです。

「イエスは永遠に存在されるので、変わることがない祭司職を持っておられます。

したがってイエスは、いつも生きていて、彼らのためにとりなしをしておられるので、ご自分によって神に近づく人々を完全に救うことがおできになります。」

②主イエスによる救い

続く第三〇問では、イエス・キリスト以外に私たちの救いはないことが強調されます。

問三〇 それでは、自分の幸福や救いを聖人や自分自身やほかのどこかに求めている人々は、唯一の救済者イエスを信じていると言えますか。

答 いいえ。たとえ彼らがこの方を誇っていたとしても、その行いにおいて、彼らは唯一の救済者また救い主であられるイエスを否定しているのです。なぜなら、イエスが完全な救い主ではないとするか、そうでなければ、この救い主を真実な信仰をもって受け入れ、自分の救いに必要なことすべてをこの方のうちに持たねばならないか、どちらかだからです。

ここで言われているのは、一六世紀当時に人々の中に蔓延していた「聖人崇拝」や、己の力で救いを得ようとするような自力救済的な信仰を念頭に置いてのことです。当時のローマ・カトリック教会では、大きな功績を積んだ人物を聖人と呼んで崇め、聖人の昇天した日を「聖人の日」として記念し、その遺骨や持ち物を「聖遺物」として崇敬することが広く行われていました。また主イエスの母マリアをはじめとして、教会で多くの功徳を積んだ聖人に祈ることで、その聖人たちの功徳に助けられて自分自身の救いを得るということが行われていました。その背後には、救いは神の恩恵だけでなく人間の側の善行も必要であるとする自力救済的な考えが控えていたのでしょう。

しかしここでは、そのような誤った信仰が厳しく退けられています。ここでハイデルベルク信仰問答が念頭に置いている「彼ら」も、確かに「イエス」の名を証しし、それを崇めていました。しかし、そこに人間の側の功績や善行を一粒でも忍び込ませようとするならば、それは救い主イエスを否定していると言うのです。救いは神の恵みのわざである。神の御子イエス・キリストはそのことをご自身の名をもって証しし、その身をもって証ししてくださいました。まさしく御子は、「ご自分によって神に近づく人々を完全に救うことがおできになり」、「イエスは、いつも生きていて、彼らのためにとりなしをしておられる」お方なのです。

③主イエスを神の御子と信じ、告白する使命

イエス・キリストを神のひとり子と信じ、告白する。これが私たちの信仰の根幹です。このお方こそが私たちのただ一人の救い主であられ、この方以外に救いはないと信じ、告白する。キリストの教会の歴史はこの告白の上に立ってここまで続けられてきたと言っても過言ではありません。

今日、このイエス・キリストに対する告白は脅かされ、揺さぶられています。特に日本の教会は、かつてキリストへの告白を貫くことができず、まことの神以外のものに膝をかがめるという過ちを犯しました。天皇を神として崇め、神社に参拝することを「宗教にあらず」とするまやかしの論理を受け入れ、神社参拝、宮城遙拝《きゅうじょうようはい》を行い、さらには隣国にまで出かけて行き、かの地の教会にそれを強制するということまでしました。朝鮮の教会が、それを十戒に背く罪であるとして、いのちがけの抵抗をしたにもかかわらず、日本の教会はそのことの罪に気づかず、むしろその罪に積極的に荷担していったのです。これは日本の教会が今も担っている神と隣人に対する罪責であり負債です。しかし今日、再びナショナリズムと結びついた日本的キリスト教が姿を現す時代がやって来ています。

そのような中で、「イエス・キリスト以外に救いはない」「イエス・キリストこそが主である」、この信仰の告白を高く掲げることが今日の教会の戦い方です。私たちは絶えず目

覚めて、この福音の告白に生きるものでありたいと願います。

第一二主日　第三一問、第三二問

一三　預言者、祭司、王

①キリスト、油注がれた方

第一二主日は、「イエス」という名の意味に続いて、「キリスト」という称号の持つ意味を説いていきます。

問三一　なぜこの方は「キリスト」すなわち「油注がれた者」と呼ばれるのですか。

答　なぜなら、この方は父なる神から次のように任職され、聖霊によって油注がれたからです。すなわち、わたしたちの最高の預言者また教師として、わたしたちの贖いに関する神の隠された熟慮と御意志とを、余すところなくわたしたちに啓示し、わたしたちの唯一の大祭司として、御自分の体による唯一の犠牲によってわたしたちを贖い、御父の御前でわたしたちのために絶えず執り成し、わたしたちの永遠の王として、御自分の言葉と霊とによってわたしたちを治め、獲得なさった贖いのもとにわたしたちを守り保ってくださるのです。

「キリスト」という名は旧約聖書の「メシア」すなわち「油注がれた者」を指していました。旧約の時代、預言者や祭司、王といった特別な働きに立つ者は、その職に就くにあたって油注ぎの儀式を受けました。しかし真の意味での「油注がれた者」であるのは、父なる神さまから聖霊の油注ぎを受けられた主イエス・キリストであり、このキリストが私たちを贖うために果たしてくださる務めがある。それが「預言者、祭司、王」としてのキリストの「三重の務め」です。

②キリストの三重の職務

まず、主イエス・キリストが預言者であるとは、ご自身の口をもって神の救いのご計画をあますところなく私たちに啓示してくださったということです。主イエスは「わたしたちの最高の預言者また教師として、わたしたちの贖いに関する神の隠された熟慮と御意志とを、余すところなくわたしたちに啓示し」てくださいます。

ヨハネの福音書一章一八節に、「いまだかつて神を見た者はいない。父のふところにおられるひとり子の神が、神を説き明かされたのである」と言われ、また一五章一五節で「わたしはもう、あなたがたをしもべとは呼びません。しもべなら主人が何をするのか知らないからです。わたしはあなたがたを友と呼びました。父から聞いたことをすべて、あなたがたには知らせたからです」と言われるとおりです。

主イエス・キリストは、父なる神の私たちに対する救いの御心を、ご自身の御言葉をもって明らかにしてくださるのです。

次に、預言者なるイエス・キリストは、祭司の職をも担っておられます。主イエスは「わたしたちの唯一の大祭司として、御自分の体による唯一の犠牲によってわたしたちを贖い、御父の御前でわたしたちのために絶えず執り成し」てくださるのです。ヘブル人への手紙九章一一、一二節には、「しかしキリストは、すでに実現したすばらしい事柄の大祭司として来られ、人の手で造った物でない、すなわち、この被造世界の物でない、もっと偉大な、もっと完全な幕屋を通り、また、雄やぎと子牛の血によってではなく、ご自分の血によって、ただ一度だけ聖所に入り、永遠の贖いを成し遂げられました」（九・二四〜二八も参照）とあります。

主イエス・キリストは、父なる神の私たちに対する救いの御心を語られただけでなく、私たちの救いのために絶えずとりなし続け、しかも自らがただ一度の完全な犠牲となってくださいました。ですから主イエス・キリストは、私たちのためにとりなしつつ、自らが犠牲となってささげられる、唯一、最高の大祭司なのです。ヘブル人への手紙七章二四節に「イエスは永遠に存在されるので、変わることがない祭司職を持っておられます。したがってイエスは、いつも生きていて、彼らのためにとりなしをしておられるので、ご自分によって神に近づく人々を完全に救うことがおできになります」とあるとおりです。

さらに、預言者であり祭司である主イエス・キリストは、真の王であられます。主イエスは、「わたしたちの永遠の王として、御自分の言葉と霊とによってわたしたちを治め、獲得なさった贖いのもとにわたしたちを守り保ってくださ」り、それを御言葉と聖霊によって行うと教えられています。

この王なるキリストは、マタイの福音書二八章一八節に「わたしには天においても地においても、すべての権威が与えられています」、ピリピ人への手紙二章九節に「それゆえ神は、この方を高く上げて、すべての名にまさる名を与えられました」とあるように、天と地のすべての権威を持つお方として、今おられ、そして再びお出でになります。

しかも、エペソ人への手紙一章二二節に「また、神はすべてのものをキリストの足の下に従わせ、キリストを、すべてのものの上に立つかしらとして教会に与えられました」とあるように、王なるキリストはその支配と統治を、「教会のかしら」として行使なさいます。このように御言葉と御霊による統治は、教会を通して全世界、全領域に及ぶ神の国の統治であることがわかります。

③キリスト者

さらに第三二問はこう続けます。

問三二　しかし、なぜあなたが「キリスト」者と呼ばれるのですか。

答　なぜなら、わたしは信仰によってキリストの一部となり、その油注ぎにあずかっているからです。それは、わたしもまたこの方の御名を告白し、生きた感謝の献げ物として自らをこの方に献げ、この世においては自由な良心をもって罪や悪魔と戦い、ついには全被造物をこの方と共に永遠に支配するためです。

私たちは自らを指して「キリスト者」「クリスチャン」と呼びますが、その意味はどこにあるのかと問われるのです。そもそも「キリスト者」という呼び名はどこから来たのでしょうか。使徒の働き一一章二五、二六節に次のようにあります。

「それから、バルナバはサウロを捜しにタルソに行き、彼を見つけて、アンティオキアに連れて来た。彼らは、まる一年の間教会に集い、大勢の人たちを教えた。弟子たちは、アンティオキアで初めて、キリスト者と呼ばれるようになった。」

ここに初めて「キリスト者」「クリスチャン」(原語では「クリスティアノス」)という呼び名が登場します。「クリスティアノス」とは、「キリスト派の者」「キリストに属する者」という意味ですが、使徒の働き一一章によれば、これは彼らが自分たちで名乗った名称ではなく、周りの人々がイエス・キリストを信じる人々を指して付けた呼び名であり、そこには冷ややかな蔑みの感情が込められていました。使徒の働き二六章には、パウロがアグリッパ王のもとで弁明したときの様子が描かれていますが、パウロのことばを聞いたアグリッパが「おまえは、わずかな時間で私を説き伏せて、キリスト者にしようとしている」と語ったとも記されています(同二八節)。

しかしこの当時からキリスト者たちは、自らがそう呼ばれることを良しとし、それ以降、「キリスト者」という呼び名が定着していきました。そこには「私は福音を恥としません」(ローマ一・一六)という彼らの気概が込められていたのかもしれません。ともかく、ここでは、さらに進んで、私たちの贖いを成し遂げるために預言者、祭司、王としての職務を担われた主イエス・キリストとの結びつきにおいて、私たちの在り方が語られます。

④キリストにあずかる者

パウロはコリント人への手紙第一、一二章で「キリストのからだ」としての教会論を展開していますが、一三節では「私たちはみな、ユダヤ人もギリシア人も、奴隷も自由人も、一つの御霊によってバプテスマを受けて、一つのからだとなりました。そして、みな一つの御霊を飲んだのです」と言い、二七節では「あなたがたはキリストのからだであって、一人ひとりはその部分です」と言います。ここに、私たちがキリストの一部になるのは、キリストのからだである教会を通してであることが明らかにされます。

またハイデルベルク信仰問答の「キリストの油注ぎにあずかる」という表現の背後には、メシアの油注ぎがその務めへの任職であったのと同様に、私たちもまたキリストのからだの一部に加えられることを通して、このキリストの職務にもあずかる者とされているという主張が込められているでしょう。私たちはキリストのものとされ、キリストのからだなる教会に加えられ、キリストの油注ぎにあずかることによって、キリストの職務にもあずかることになるということです。こうしてこの信仰問答が一貫して取り上げる「キリストのものとされる」という主張が、キリストの職務との関係においてもくり返されています。

ですから、続く部分は次のように始まります。「それは、わたしもまた、この方の御名を告白し、生きた感謝の捧げ物として自らをこの方に献げ、この世においては自由な良心をもって罪や悪魔と戦い、ついには全被造物をこの方と共に永遠に支配するためです。」

ここにはキリストの預言者、祭司、王としての三重の職務に対応する、私たちの職務が語られています。その第一は預言者に応答して御名を告白すること、第二は祭司のもとで生きた感謝の捧げ物としての自らをささげること、そして第三は王の兵士として悪魔と戦い、全被造物を治めることとです。

キリストの御名を告白すること。それは私たちの存在に関わることとです。恐れることなく、恥じることなく、世にあってキリストを告白することなしにキリストにあずかることはできません。しかし同時に、その告白は私自身の中から生み出されてくるものでもないのです。コリント人への手紙第一、一二章三節は言います。

「聖霊によるのでなければ、だれも『イエスは主です』と言うことはできません。」

このように、私たちがイエスを主と告白できるのは、聖霊の働きのゆえです。このことは自らをキリストにささげることにおいても、キリストと共に全被造物を治めることにおいても同様です。私たちがキリストにおささげできるもので、もともと私たちの手の中にあったものは何一つありません。私たちの礼拝も、奉仕も、献金も、伝道も、証しも、祈りも、この世の務めも、時間も、経済も、このからだも、一切は父なる神が御子イエス・キリストのゆえに聖霊によって私たちに下さったものであり、私たちはそれをもって主にささげ、主に仕えるのです。

またエペソ人への手紙六章一〇節以下では、罪と悪魔との戦いがきわめて熾烈な霊的な戦いであり、御霊の武具による武装なしには戦い得ないものであると記されます。しかもその勝利と被造物の支配とは、主と共にあずかるものであると教えられるのです。ヨハネの黙示録三章二一節で、「勝利を得る者を、わたしとともにわたしの座に着かせる。それは、わたしが勝利を得て、わたしの父とともに父の御座に着いたのと同じである」と言われるとおりです。

以上のように、私たちキリスト者がこの地上において果たす務めは、いずれも油注がれたメシアなるキリストの三重の職から来るものであり、このキリストにあって聖霊の油注ぎを受けた私たちが担うようにと託されたものです。ゼカリヤ書四章六節の「権力によらず、能力によらず、わたしの霊によって」との主のことばに信頼し、聖霊の力によってこの務めを果たすお互いでありたいと願います。

一四　私たちも神の子

①神のひとり子

問三三　わたしたちも神の子であるのに、なぜこの方は神の「独り子」と呼ばれるのですか。

答　なぜなら、キリストだけが永遠から本来の神の御子だからです。わたしたちはこの方のおかげで、恵みによって神の子とされているのです。

これまで学んできたように、ハイデルベルク信仰問答は神から恵みによって与えられた救いがどれほど豊かであり、また確かであるかを教えています。その前提があるので、ここでも「わたしたちも神の子であるのに」と、すでに与えられた神の子としての身分を踏まえての問いが発せられるのです。ですから、ここでは「イエスがひとり子と呼ばれるのはなぜか」と問いつつ、その問いの目的はむしろ「私たちが神の子とされているのはなぜか」ということに向けられています。

私たちが神の子とされている現実から出発して、イエス・キリストを神のひとり子と告白するとき、そこから翻って、自らが神の子とされていることがどんなに驚くべき、恵み深い事実であるかに思い至る。そこにこの問いの目標があるのです。

では、神の子とされる以前の私たちはどのような者だったでしょうか。パウロは、エペソ人への手紙二章三節で次のように言いました。

「私たちもみな、不従順の子らの中にあって、かつては自分の肉の欲のままに生き、肉と心の望むことを行い、ほかの人たちと同じように、生まれながら御怒りを受けるべき子らでした。」

最初の人アダムの堕落以来、神のかたちを失った私たち人間は、皆、生まれながらにして神の御前にのろいの子、御怒りを受けるべき子であったのです。その意味では、「キリストだけが永遠からの本来の神の御子」です。

ところが、神はご自身の恵み深い自由なる選びに基づいて、私たちを救いへと選び出し、その救いのご計画を歴史の中で導き、ついには神のひとり子イエス・キリストの贖いによってそのご計画を成就してくださいました。

エペソ人への手紙一章四、五節に「すなわち神は、世界の基が据えられる前から、この方にあって私たちを選び、御前に聖なる、傷のない者にしようとされたのです。神は、みこころの良しとするところにしたがって、私たちをイエス・キリストによってご自分の子にしようと、愛をもってあらかじめ定めておられました」とあるとおりです。

このキリストの贖いのゆえに、私たちもまた、かつては滅びの子であったのに、今や神の子の身分を与えられたのです。聖書はこの消息を明らかにするために、「子とする」ということを「養子縁組をする」ということばで表現しています。

主イエス・キリストの贖いを私たちに当てはめ、受け入れさせることで、神の子としての身分を与えてくださるのが聖霊なる神のお働きです。この経緯をローマ人への手紙八章一四～一七節が次のように明らかにしています。

「神の御霊に導かれる人はみな、神の子どもです。あなたがたは、人を再び恐怖に陥れる、奴隷の霊を受けたのではなく、子とする御霊を受けたのです。この御霊によって、私たちは『アバ、父』と叫びます。御霊ご自身が、私たちの霊とともに、私たちが神の子どもであることを証ししてくださいます。子どもであるなら、相続人でもあります。私たちはキリストと、栄光をともに受けるために苦難をともにしているのですから、神の相続人であり、キリストとともに共同相続人なのです。」

②キリストのおかげで

またコロサイ人への手紙一章一三、一四節では次のように言われています。

「御父は、私たちを暗闇の力から救い出して、愛する御子のご支配の中に移してくださいました。この御子にあって、私たちは、贖い、すなわち罪の赦しを得ているのです。」

父なる神が御子によって、私たちを罪の支配する奴隷の状態から、御子の支配する神の子の状態へと移してくださった。それで今、私たちは完全な贖い、罪の赦しの中に生かされている。信仰問答はこの出来事の由来を「この方のおかげで、恵みによって」と表現しました。吉田訳のみならず、竹森訳でも「主のおかげで、恵みによって」、登家訳でも「かれのおかげで、恵みから」と訳されているのも、味わい深いものと思います。

宗教改革が確認した義認の教理は、御子イエス・キリストが十字架の贖いによって獲得してくださった義が聖霊によって私たちに転嫁され、それをもって神の法廷において私たちが「義と認められた」と説明します。これはいわば、法的な概念を用いての説明と言えるでしょう。

しかし、その場合、気をつけておかなければならないことは、この説明ではキリストと私たちとの関係が法的にのみ理解されて、そこにあるキリストと私たちとの人格的な関係が見過ごされてしまいがちだということです。義認論において重要なのは、キリストの御業は、その人格と決して切り離されてはならない点です。

キリストの獲得してくださった義の功績は、まさしくキリストが私たちを愛するがゆえに贖いを成し遂げてくださったおかげ、すなわちキリストの「恩義」であると受けとめることが必要なのです。芳賀力先生がこれについて重要なことを述べておられます。

「キリストへの愛の負い目ということ、これではキリストに申し訳ない、その愛にこたえたいという切なる思いが、絶望している罪人を立ち上がらせるのである。まさしくキリストの恩義という人格関係こそが最も重要なのである。贈り物には、それを贈ってくれた方の気持ちと人格が込められている。そのことを知ることが贈られた者の生き方をも変える。贈り物と贈り手とは切り離し得ない、義認の効力とはまさにそのような人格的な愛の力なのである」(『物語る教会の神学』)。

③私たちは主のもの

何の功績もない私たちを、ただ父なる神が愛と自由と主権的な選びによって救いの中に招き、愛するひとり子、御子イエス・キリストの贖いによって私たちに救いを与えてくださいました。この確かな救いにあずかることこそが私たちのただ一つの慰め、拠り所であるとハイデルベルク信仰問答は第一問で語りました。
このことをもう一度確認するのが、続く第三四問です。

問三四　あなたはなぜこの方を「我らの主」と呼ぶのですか。
答　この方が、金や銀ではなく御自身の尊い血によって、わたしたちを罪と悪魔のすべての力から解放しまた買い取ってくださり、わたしたちの体も魂もすべてを御自分のものとしてくださったからです。

「イエスは主である」との告白は、古代教会において洗礼のときに受洗者が言い表した最古の信仰告白定式です。ピリピ人への手紙二章一〇、一一節の「それは、イエスの名によって、天にあるもの、地にあるもの、地の下にあるもののすべてが膝をかがめ、すべての舌が『イエス・キリストは主です』と告白して、父なる神に栄光を帰するためです」、コリント人への手紙第一、一二章三節の「ですから、あなたがたに次のことを教えておきます。神の御霊によって語る者はだれも『イエスは、のろわれよ』と言うことはなく、また、聖霊によるのでなければ、だれも『イエスは主です』と言うことはできません」などが、当時の教会の信仰告白の定式を伝えています。

これらの信仰告白が成立した背景には、当時のローマ帝国が皇帝崇拝に際して要求した「皇帝（カエサル）は主である」（キュリオス・カエサル）との告白に対するキリスト者の抵抗の歩みがありました。当時のキリスト者たちは、ローマの皇帝崇拝強制という迫害の中で、自らの信仰を証しするためにあえて「イエスは主である」との信仰告白を、「カエサルは主である」との市民的告白に対抗して用いたのでした。彼らにとって「イエスは主である」との告白は、ほかのいかなる「主」をも認めることを許さないものであり、皇帝さえも「主」ではあり得なかったのです。その結果として、この短い告白のために多くのキリスト者たちは殉教の道を進むことになりましたが、それでも彼らはこの告白を曲げることをしなかったのです。

それでは、なぜキリスト者はこの信仰告白に生きることができるのか。その答えが三四問に明らかにされています。「この方が、金や銀ではなく御自身の尊い血によって、わたしたちを罪と悪魔のすべての力から解放しまた買い取ってくださり、わたしたちの体も魂もすべてを御自分のものとしてくださったからです。」

ここで「解放し」「買い取ってくださった」と言われていますが、その背景にあるのはヘブル人への手紙二章一四、一五節の「そういうわけで、子たちがみな血と肉を持っているので、イエスもまた同じように、それらのものをお持ちになりました。それは、死の力を持つ者、すなわち、悪魔をご自分の死によって滅ぼし、死の恐怖によって一生涯奴隷としてつながれていた人々を解放するためでした」、またコロサイ人への手紙一章一三、一四節の「御父は、私たちを暗闇の力から救い出して、愛する御子のご支配の中に移してくださいました。この御子にあって、私たちは、贖い、すなわち罪の赦しを得ているのです」との御言葉です。

私たちがイエス・キリストを「我らの主」と告白することができるのは、私たちを罪の中から救い出し、解放するために、主イエス・キリスト自らがご自身の血をもって私たちを贖ってくださったからにほかなりません。

だからこそ私たちは、「主のもの」とされた者たちとして、主のために生きるのです。コリント人への手紙第一、六章一九、二〇節で「あなたがたは知らないのですか。あなたがたのからだは、あなたがたのうちにおられる、神から受けた聖霊の宮であり、あなたがたはもはや自分自身のものではありません。あなたがたは、代価を払って買い取られたのです。ですから、自分のからだをもって神の栄光を現しなさい」言われるとおりです。

この主イエス・キリストの贖いの力は、「わたしたちの体も魂も、すべてを御自分のものとしてくださる」力です。このために贖いの仲保者であられる主イエス・キリストは、「すべての人の贖いの代価として、ご自分を与えてくださいました」（Ⅰテモテ二・六）。

私たちを、罪の中から買い取り、贖い出すために支払われた代償が、御子イエスの血であり、いのちであったことを思うとき、私たちはあらためて主イエスの私たちへの愛と、主イエスを私たちにお与えになるほどの父なる神の愛を思わずにはおれません。

私たちをそのからだも魂もすべてをご自分のものとしてくださるために、主イエス・キリスト自らそのからだも魂も私たちに与えてくださいました。それゆえに、私たちもまた主イエス・キリストを「私たちのからだと魂の主」と告白し、この告白に生きるのです。

第一四主日　第三五問、第三六問

一五　まことの人なる主イエス

①処女マリアからの誕生の意味

ハイデルベルク信仰問答の第一四主日は、主イエスの母マリアからの誕生について教えるところです。教理のことばでは、神の御子が人となられたことを「受肉」と言い、またマリアからの出生を主イエスの「処女降誕」と呼びます。

まだヨセフと結婚前の処女であったマリアが通常の生殖手段によらず、聖霊によって主イエスを身籠り、そして主イエスが誕生した、あのクリスマスの出来事がいかなる意味を持っていたのか。それを次のように問い答えています。

問三五　「主は聖霊によりてやどり、処女《おとめ》マリヤより生まれ」とは、どういう意味ですか。

答　永遠の神の御子、すなわち、まことの永遠の神でありまたあり続けるお方が、聖霊の働きによって、処女マリヤの肉と血とからまことの人間性をお取りになった、ということです。それは、御自身もまたダビデのまことの子孫となり、罪を別にしてはすべての点で兄弟たちと同じようになるためでした。

主イエスのマリアからの誕生の次第は、長いキリスト教会の歴史の中でさまざまな議論の対象となってきました。古くはマリアを神聖視するローマ・カトリック教会が「マリアの無原罪懐胎」といって、マリアが罪なき人間であったと主張したり、近代になってからは合理的でないという理由でこの事実そのものが否定されたり、かえって処女からの誕生が生物学的にどのように可能であるかを立証することに腐心したりといった具合です。

しかし、第三五問の関心ははっきりしています。それは、この出来事が私たちにとってどのような意味を持っているかを明らかにすることでした。神の御子が聖霊によってマリアを通してお生まれになった。それはひとえに「御自身もまたダビデのまことの子孫となり、罪を別にしてはすべての点で兄弟たちと同じようになるため」だと言うのです。神の御子が人となられたのは、「死の恐怖によって一生涯奴隷としてつながれていた人々を解放するため」（ヘブル二・一五）であり、「すべての点において、私たちと同じように」（同四・一五）ならなければなりませんでした。それによって私たちの罪の宥めがなされたのです。

ガラテヤ人への手紙四章四、五節でパウロは次のように言います。

「しかし時が満ちて、神はご自分の御子を、女から生まれた者、律法の下にある者として遣わされました。それは、律法の下にある者を贖い出すためであり、私たちが子としての身分を受けるためでした。」

これは神の御子が人となられたことの意味を考える上で決定的な御言葉ですが、そのポイントは「律法の下にある」ということです。主イエスがマリアを通して生まれてくださった一番の意味は、「律法の下にある者」となってくださったという事実にある。それが主イエスが「まことの人」であることの最も重要な点です。

すでに学んだように、私たちの罪が明らかになるのは、律法との関係においてです。そして律法に背き、罪を犯した私たちを贖い出すことができるのは、私たちと同じように律法の下にありながら、「律法の下にある者を贖い出す」ことができる唯一のお方、イエス・キリストだけでした。まさにイエス・キリストは、「私たちが子としての身分を受けるようになるため」に人となってこの地上に来られ、十字架において私たちの律法違反の裁きを引き受け、それればかりか、私たちの果たし得ない律法の要求をすべて満たしてくださったのです。

② 処女マリアからの誕生の益

それで信仰問答は、続く第三六問で次のように論じます。

問三六　キリストの聖なる受胎と誕生によって、あなたはどのような益を受けますか。

ここでも、この信仰問答に特徴的な「益を問う」という形が出てきます。二千年も前の、キリストの受肉と誕生という不可思議な出来事がなぜ私の益となるのか。その一番肝心なところを信仰問答は見事に言い表しています。

答　この方がわたしたちの仲保者であられ、御自身の無罪性と完全なきよさとによって、罪のうちにはらまれたわたしのその罪を神の御顔の前で覆ってくださる、ということです。

本来は「罪のうちにはらまれた」罪人である私のために、神のひとり子が、罪を別にしてすべての点で私たちと同じ肉をまとい、まことの人間性を帯びてくださいました。イエス・キリストが、私たちのために完全な贖いを成し遂げてくださったので、今や私たちの罪は神の御前で覆われ、その罪はもはや覚えられることなく、数えられることなく、完全な赦しをいただいているのです。

これはすでに、第一八問で次のように教えられていたとおりです。

問一八　それでは、まことの神であると同時にまことのただしい人間でもある、その仲保者とは一体どなたですか。

答　わたしたちの主イエス・キリストです。この方は、完全な贖いと義のために、わたしたちに与えられているお方なのです。

ここに、キリスト教信仰の中心がまさにイエス・キリストそのものであり、主イエスの人格と御業とが切り離すことのできないものであることが証しされています。キリスト教信仰とは、主イエス・キリストの存在そのものによって成り立っており、決して抽象的な思弁や概念に置き換えられたり、人間の宗教的な直観や感情に解消されたりするものではありません。私たちは生ける神の御子、私のためにまことの人となってくださった、ただひとりの救い主、イエス・キリストを信じ、このお方について行くのです。

第一五主日　第三七問～第三九問

一六　だれのための苦しみか

①キリストの苦しみ

ハイデルベルク信仰問答の第一五主日は、主イエスの苦しみを「ポンテオ・ピラトのもとに苦しみを受け、十字架につけられ」と言い表した使徒信条の箇条を説き明かすところです。まず第三七問を読みます。

問三七 「苦しみを受け」という言葉によって、あなたは何を理解しますか。

答 キリストがその地上での御生涯すべての時、とりわけその終わりにおいて、全人類の罪に対する神の御怒りを体と魂に負われた、ということです。それは、この方が唯一のいけにえとして、御自身の苦しみによってわたしたちの体と魂とを永遠の刑罰から解放し、わたしたちのために神の恵みと義と永遠の命とを獲得してくださるためでした。

私たちはここで、主イエスの受難の出来事と向き合うことになるのですが、この一つの問答を深く思いめぐらすだけでも、御子の苦しみがいったいだれのためであったのかが、はっきりと伝わってくるでしょう。

特にここで目を留めておきたいのは、御子の苦しみを十字架だけでなく、「その地上での御生涯すべての時」としていること、御子が御父の怒りを「体と魂に負われた」としていることです。人として生まれくださった神の御子イエス・キリストの生涯が、その始まりから終わりに至るまで苦難の人生であり、しかもその苦しみは「体と魂」とにおいて担われたと言っているのです。

私たちの主イエス・キリストは、私たちの罪に対する神の怒りを「体と魂」で、すなわちその全存在をもって負ってくださいました。それで、罪が引き起こす私たちの人生のさまざまな苦しみ、痛み、悲しみを知るばかりか、それらを背負い、罪とのその悲惨から私たちを解き放ってくださるのです。

②私たちのための苦しみ

その上で、なお私たちは問わなければなりません。御子イエス・キリストの一番の苦しみは何であり、そしてそれはいったいだれのためであったのか、と。第三七問で教えられたように、御子の苦しみはほかならぬ「私たちのため」でした。私たちの「体と魂」を贖い出すために、御子が「体と魂」とにおいて神の怒りを負ってくださったので、私たちは贖われて今ここにあるのです。

「キリストは罪を犯したことがなく、その口には欺きもなかった。ののしられても、ののしり返さず、苦しめられても、脅すことをせず、正しくさばかれる方にお任せになった。キリストは自ら十字架の上で、私たちの罪をその身に負われた。それは、私たちが罪を離れ、義のために生きるため。その打ち傷のゆえに、あなたがたは癒やされた」(Iペテロ二・二二〜二四)。

神の御子イエス・キリストが味わってくださった真の苦しみ。それは、十字架の上で私たちの罪の身代わりとなり、本来なら私たちが負うべき罪と裁きをその身に背負って、罪なきお方が、父なる神の裁きに服してくださったということです。このキリストの打ち傷によって私たちは癒されたのであって、キリストの苦しみは私たちと切っても切り離すことのできないものなのです。

③ポンテオ・ピラトのもとに

続く第三八問は、御子の受難がポンテオ・ピラトという地上の裁き主のもとで行われたことの意味を問います。

問三八 なぜその方は、裁判官「ポンテオ・ピラトのもとに」苦しみを受けられたのですか。

答 それは、罪のないこの方が、この世の裁判官による刑罰をお受けになることによって、わたしたちに下されるはずの神の厳しい審判から、わたしたちを免れさせるためでした。

使徒信条がここで「ポンテオ・ピラトのもとに」と、固有名詞を挙げることには理由がありました。使徒信条が成立していった時代にはびこった異端は、キリストの受難の歴史性を否定しようというものであったため、教会は、十字架と復活が事実であったことを強調するために、あえて実在の人物であった総督ピラトの名を挙げたと考えられています。

しかも第三八問は、ただひとり罪のないお方であったイエス・キリストが、地上の裁判官により、違法な手続きのもとで強行された裁判によって死刑を宣告され、十字架刑に処せられたことを神の裁きの行使であったとしています。そして、主イエスがその裁きに服することで、本来私たちが受けるべき罰を免れさせ、身代わりとなってくださったと教えるのです。

④のろいの木、十字架

続く第三九問は、一風変わった問い方をしています。

問三九　その方が「十字架につけられ」たことには、何か別の死に方をする以上の意味があるのですか。

答　あります。それによって、わたしは、この方がわたしの上にかかっていた呪いを御自身の上に引き受けてくださったことを、確信するのです。なぜなら、十字架の死は神に呪われたものだからです。

ここではなぜ主イエスの死に方が、ほかの方法ではなく十字架であったのかが問われます。十字架刑そのものはペルシアを起源とし、後にローマ帝国に伝えられたと考えられていますが、犯罪人を木にかけて処刑する磔刑は、ほかの地域でも広く行われていたと言われます。

しかし主イエスの十字架刑の本質は、旧約聖書における裁きとの関連で理解されるべきものでしょう。申命記二一章二二、二三節には次のように記されます。

「ある人に死刑に当たる罪過があって処刑され、あなたが彼を木にかける場合、その死体を次の日まで木に残しておいてはならない。その日のうちに必ず埋葬しなければならない。木にかけられた者は神にのろわれた者だからである。」

これを受けてパウロは、ガラテヤ人への手紙三章一三節にこう記しました。

「キリストは、ご自分が私たちのためにのろわれた者となることで、私たちを律法ののろいから贖い出してくださいました。『木にかけられた者はみな、のろわれている』と書いてあるからです。」

このように、十字架とは神ののろいの象徴であり、木にかけられた主イエスは、神ののろいを受けてくださいました。「それによって、わたしは、この方がわたしの上にかかっていた呪いを御自身の上に引き受けてくださったことを、確信するのです。なぜなら、十字架の死は神に呪われたものだからです」という答えが記されることになります。

本来、私たちの上に下るべき神ののろいはすべて主イエスの上に下され、主イエスがのろわれた者となってくださった。そこで神の怒りとのろいは満たされ、なだめられ、もはや私たちにそののろいが下ることはない。これが主イエスの受難の意味です。

⑤私たちの苦しみ

そうであればこそ、私たちの生涯においても、キリストのゆえの苦しみということが意味を持つはずです。言うまでもなく、主イエス・キリストを信じて生きる日々、主イエス・キリストに従って生きる日々には困難があります。試練があります。涙する日々があり、眠れない夜があります。

しかし、それらは決して意味なく私たちを苦しめる運命の暴力ではなく、主イエスの歩まれた道をたどる弟子の歩みの証しなのです。ポンテオ・ピラトのもとに苦しみを受けられたお方を、わが主キリストと告白する私たちは、それゆえにこそ、この主イエスの歩まれた道を共に歩む主の弟子たちとされています。そして主イエスは、ご自分に従う者たちを決して見離さず、見捨てず、私たちの重荷を知り、その重荷を担い、終わりまで私たちと共に歩んでくださるのです。

ペテロの手紙第一、二章二〇、二一節にこう記されるとおりです。

「善を行って苦しみを受け、それを耐え忍ぶなら、それは神の御前に喜ばれることです。このためにこそ、あなたがたは召されました。キリストも、あなたがたのために苦しみを受け、その足跡に従うようにと、あなたがたに模範を残された。」

キリストの苦しみが私たちのため、私のためと知り、信じた者は、それゆえにキリストのための苦しみをも引き受け、そこで十字架を担って生きていく。その途上でこそ、私たちは主のものとされたことの実感を抱くことができるのではないでしょうか。

第一六主日　第四〇問〜第四四問

一七　本当の死

①キリストの死と葬り

第一六主日では、使徒信条の「死にて葬られ、陰府に下り」との告白が説き明かされます。第四〇問から第四二問でキリストの死と葬りの意義が問われ、第四三問ではそこから私たちが受ける益が問われ、第四四問ではキリストの陰府下りの意義が問われます。

ここでキリストの死と葬りの意義を扱う第四〇問から四二問が、それぞれ「なぜ」「なぜ」「どうして」ということばで問いかけることに注目したいと思います。信仰告白の文書は、その教育的な性格からして、どのような答えを導き出すかを十分に考え抜いて問いのことばが決められています。したがって、「なぜ」「どうして」という問いも単にキリスト教の教理内容を覚えさせるということ以上に、それを問われた者が、自分自身の中で真剣に問い直し、その意味を受けとめることを期待しているのです。

問四〇　なぜキリストは「死」を苦しまなければならなかったのですか。

答　なぜなら、神の義と真実のゆえに、神の御子の死による以外には、わたしたちの罪を償うことができなかったからです。

第四〇問はキリストの死の意味を扱っていますが、内容的には第一二問から第一八問、直前の第三七問から第三九問で論じられたことのくり返しです。ここでは、キリストが死を苦しまれたことが、神の義と真実のゆえであったと、新しい意味が加えられています。

第四〇問が、キリストが単に「死なれた」と言わず、「『死』を苦しまれた」というのは独特な表現です。死を苦しまれたとは、言い換えれば神の裁きとしての死、のろいとしての死を苦しまれたということです。では、この裁きとしての死はどこから来たのか。そこで思い起こすのが、創世記二章のエデンの園における神と人間との契約と、三章において起こったその破棄の出来事です。

「善悪の知識の木からは、食べてはならない。その木から食べるとき、あなたは必ず死ぬ」と神は言われました（創世二・一七）。しかし人間は、蛇にそそのかされてその実を食べてしまった。そこに死が入り込んだと聖書は語ります。神はご自身の義と真実のゆえに、この裁きとしての死を取り除くことはできない。そこで、神の御子の死による償いが起こったのです。

続く第四一問ではこう言われます。

問四一　なぜこの方は「葬られ」たのですか。

答　それによって、この方が本当に死なれたということを証するためです。

このように、御子イエス・キリストが墓に葬られたことは、御子の死の事実を裏づけるものでした。主イエスが本当に死なれたこと、葬られたこと、そこに私たちの償いがかかっているのです。

②キリストの死と私たちの死

ところがこの御子の償いの死によって、私たちの死に大きな変革がもたらされたと、続く第四二問は教えます。

問四二　キリストがわたしたちのために死んでくださったのなら、どうしてわたしたちも死ななければならないのですか。

答　わたしたちの死は、自分の罪に対する償いなのでなく、むしろ罪の死滅であり、永遠の命への入り口なのです。

キリストが裁きとしての死を引き受けてくださったのなら、もはや私たちの死は取り除かれてよいのではないか。それなのに、依然として私たちが死ななければならないのはなぜなのか。そのような疑問に対して、第四二問は、キリストの死によって私たちの死の意味がもはや決定的に変えられていると教えます。

パウロは、コリント人への手紙第一、一五章五四節で「死は勝利に呑み込まれた」と語り、五七節で「しかし、神に感謝します。神は、私たちの主イエス・キリストによって、私たちに勝利を与えてくださいました」と語っています。まさにキリストの死にあずかる私たちの死は、「罪との死別」であり、「永遠の命への入り口」へと変えられているのです。カルヴァンもジュネーヴ教会信仰問答の第六三問でこう教えています。

問六三 しかし、われわれは死ぬことを少しもやめないのですから、この勝利はわれわれに何かの益をもたらすように思われません。

答 それは何ら妨げになりません。なぜならば、信徒たちの死は、今や彼らをよりよい生命へ導くための、通路にほかならないからであります。

洗礼の恵みの持つ、最も大きな意義もここにあると言えるでしょう。ローマ人への手紙六章四〜一一節に、次のようにあります。

「私たちは、キリストの死にあずかるバプテスマによって、キリストとともに葬られたのです。それは、ちょうどキリストが御父の栄光によって死者の中からよみがえられたように、私たちも、新しいいのちに歩むためです。私たちがキリストの死と同じようになって、キリストと一つになっているなら、キリストの復活とも同じようになるからです。私たちは知っています。私たちの古い人がキリストとともに十字架につけられたのは、罪のからだが滅ぼされて、私たちがもはや罪の奴隷でなくなるためです。死んだ者は、罪から解放されているのです。私たちがキリストとともに死んだのなら、キリストとともに生きることにもなる、と私たちは信じています。私たちは知っています。キリストは死者の中からよみがえって、もはや死ぬことはありません。死はもはやキリストを支配しないのです。なぜなら、キリストが死なれたのは、ただ一度罪に対して死なれたのであり、キリストが生きておられるのは、神に対して生きておられるのだからです。同じように、あなたがたもキリスト・イエスにあって、自分は罪に対して死んだ者であり、神に対して生きている者だと、認めなさい。」

③キリストの犠牲

このことは、第四三問でも明確に語られます。

問四三　十字架上でのキリストの犠牲と死から、わたしたちはさらにどのような益を受けますか。

答　この方の御力によって、わたしたちの古い自分がこの方と共に十字架につけられ、死んで、葬られる、ということです。それによって、肉の邪悪な欲望がもはやわたしたちを支配することなく、かえってわたしたちは自分自身を感謝のいけにえとして、この方へ献げるようになるのです。

くり返し見てきたように、ハイデルベルク信仰問答は主要な教理について解説する箇所、とりわけ、キリストの贖いの御業を解説する箇所においては、くどいほどに「益」という表現を用いています。それはこの信仰問答自体が、救いについての教えが単に教理的な知識として取り扱われることを望まず、絶えずそれが「私にとっての益」、すなわち恵みの果実となることを求めていることの表れです。その意味では、まさしくキリストの贖いの御業こそ、私たちをキリストに結びつける恵みの行為ですから、その箇所において集中的に「私にとっての益」が語られることになるのです。

ここでは大きく二つのことが教えられています。第一に「この方の御力によって、わたしたちの古い自分がこの方と共に十字架につけられ、死んで、葬られる、ということです」。キリストの犠牲の死によって、私もまたそこにおいてキリストと共に死んだのだと言うのです。ここでの死とは、コロサイ人への手紙二章一二節で、「バプテスマにおいて、あなたがたはキリストとともに葬られ、また、キリストとともによみがえらされたのです。キリストを死者の中からよみがえらせた神の力を信じたからです」と教えられているように、罪と律法に対して死んだ私たちが、洗礼によってキリストと共に葬られたことを意味しています。ガラテヤ人への手紙二章一九節でも、次のように言われるとおりです。

「しかし私は、神に生きるために、律法によって律法に死にました。私はキリストとともに十字架につけられました。」

このように、キリストの十字架の死によって、私もまた罪の中にあった古い自分に死んだということ、これが私にとって益であると教えられるのです。

第二に「それによって、肉の邪悪な欲望がもはやわたしたちを支配することなく、かえってわたしたちは自分自身を感謝のいけにえとして、この方へ献げるようになる」ことです。罪と律法に死んだ私たちは、単に「死んだ」だけでなく、キリストと共によみがえらされたことにより、新しい生を生き始めることになります。それは神の子としての歩みであり、新しく生まれたものとしての歩み、聖化の歩みです。

この新しくされた者の歩みを鮮やかに示す御言葉が、ローマ人への手紙一二章一節の「ですから、兄弟たち、私は神のあわれみによって、あなたがたに勧めます。あなたがたのからだを、神に喜ばれる、聖なる生きたささげ物として献げなさい。それこそ、あなたがたにふさわしい礼拝」であり、エペソ人への手紙五章一、二節の「ですから、愛されている子どもらしく、神に倣う者となりなさい。また、愛のうちに歩みなさい。キリストも私たちを愛して、私たちのために、ご自分を神へのささげ物、またいけにえとし、芳ばしい香りを献げてくださいました」です。

ここには、ハイデルベルク信仰問答が全体の構造として、十戒を第三部の「感謝の生活」においた理由が明らかにされています。つまり、罪と律法に死んだ私たちにとって、もはや律法は私たちを縛るものではありませんが、新たにキリストと共に生きる者とされた私たちにとって、今度は律法の意義も新たにされ、神に自分自身を感謝のいけにえとしてささげて生きるための指針、感謝の指針となっているのです。

④キリストの陰府下り

続いて、キリストの「陰府下り」を扱う第四四問を読みましょう。

問四四　なぜ「陰府にくだり」と続くのですか。

答　それは、わたしが最も激しい試みの時にも次のように確信するためです。すなわち、わたしたちの主キリストは、十字架上とそこに至るまで、御自身もまたその魂において忍ばれてきた言い難い不安と苦痛と恐れにとによって、地獄のような不安と痛みからわたしを解放してくださったのだ、と。

古代以来、キリストの陰府下りの教理はさまざまな議論の的となってきた歴史があり、その解釈によっては、煉獄、死後の中間状態や、死後の救いの可能性などが議論されるという、微妙なテーマです。

しかし第四四問は、それらの議論に迷い込むことなく、順当な道を進んで行きます。すなわち「わたしたちの主キリストは、十字架上とそこに至るまで、御自身もまたその魂において忍ばれてきた言い難い不安と苦痛と恐れとによって、地獄のような不安と痛みからわたしを解放してくださった」として、「陰府下り」の意味を、十字架に代表されるキリストの苦難の生涯の全体と結び合わせて理解しているのです。第四四問は、キリストの苦難を扱う第三七問と切り離して理解することができないと指摘されることがありますが、それは示唆に富んだ指摘です。たしかに、キリストの生涯の全体が苦難であったことと、キリストの陰府下りの教えは重なり合っていると言えるでしょう。

私たちは、煉獄の思想や死後のいかなる中間状態、そこにおける救いの可能性を語ることをしません。しかしだからといって、逆の行き過ぎ、つまり神の最終的な裁きの現実をも否定するような過ちも避けなければなりません。私たちは神の支配をリアルに信じるゆえに、またサタンの支配をも軽視し、油断することをしない。それが健全かつ賢明な判断と思われます。

これまでの教会の歴史を見ると、「使徒信条」から陰府下りの部分を削除しようという動きが数多くありました。けれども私たちはこのことばを告白するときに、キリストの贖いの死が完全であり、その苦しみも完全であったこと、それゆえに死者の中からの復活もまた完全であったことを覚え、このキリストに結ばれていることの幸いを覚えたいと思います。

第一七主日　第四五問

一八　よみがえりの益

①キリストのよみがえり

第一七主日は、使徒信条が「三日目に死人のうちよりよみがえり」と言い表す、御子イエス・キリストのよみがえりについての告白です。第四五問を読みましょう。

問四五　キリストの「よみがえり」は、わたしたちにどのような益をもたらしますか。

答　第一に、この方がそのよみがえりによって死に打ち勝たれ、そうして、御自身の死によってわたしたちのために獲得された義にわたしたちをあずからせてくださる、ということ。第二に、その御力によってわたしたちも今や新しい命に呼びさまされている、ということ。第三に、わたしたちにとって、キリストのよみがえりはわたしたちの祝福に満ちたよみがえりの確かな保証である、ということです。

啓蒙主義以降の時代、人間の価値判断の基準は、神のことばではなく人間の理性の光に取って代わられてしまいました。人間の理性に照らして、合理的かそうでないかで物事の価値が決まるようになったのです。するとその結果、キリストが処女マリアから生まれたという聖書の教えが非理性的、非合理的であるとして退けられたように、キリストの復活にもそれと同じ矛先が向けられることになったのです。

それと対応するようにして、教会はキリストの復活の事実をいかに合理的に説明するかということに躍起になった結果、それと引き替えに、キリストの復活を語り継ぐ豊かな語り口を失ってしまったようにも思うのです。復活の事実性に対する弁証は、たしかに福音の真理に関わる重要事なのですが、しかしそれによって福音の語り口が硬直化してしまったのは、まことに惜しいことだと思います。

第四五問を読むと、そこでは復活の事実性を合理的に証明しなければ、というような気負いは感じられません。むしろキリストのよみがえりの出来事を大前提にして、その出来事の益を問うのです。ここには、生き生きとした復活の信仰が大きく脈づいています。パウロが、コリント人への手紙第一、一五章一二〜二二節で次のように語るとおりです。

「ところで、キリストは死者の中からよみがえられたと宣べ伝えられているのに、どうして、あなたがたの中に、死者の復活はないと言う人たちがいるのですか。もし死者の復活がないとしたら、キリストもよみがえらなかったでしょう。そして、キリストがよみがえらなかったとしたら、私たちの宣教は空しく、あなたがたの信仰も空しいものとなります。私たちは神についての偽証人ということにさえなります。なぜなら、かりに死者がよみがえらないとしたら、神はキリストをよみがえらせなかったはずなのに、私たちは神がキリストをよみがえらせたと言って、神に逆らう証言をしたことになるからです。もし死者がよみがえらないとしたら、キリストもよみがえらなかったでしょう。そして、もしキリストがよみがえらなかったとしたら、あなたがたの信仰は空しく、あなたがたは今もなお自分の罪の中にいます。そうだとしたら、キリストにあって眠った者たちは、滅んでしまったことになります。もし私たちが、この地上のいのちにおいてのみ、キリストに望みを抱いているのなら、私たちはすべての人の中で一番哀れな者です。しかし、今やキリストは、眠った者の初穂として死者の中からよみがえられました。死が一人の人を通して来たのですから、死者の復活も一人の人を通して来るのです。アダムにあってすべての人が死んでいるように、キリストにあってすべての人が生かされるのです。」

②キリストのよみがえりの益

第四五問は、キリストのよみがえりの益を三つにまとめて説明します。その際に、キリストがすでになされたこと、今なしていてくださること、そしてこれからなされることという、「過去、現在、未来」という時の推移に従って説くのです。

「すでになされたこと」とは、「この方がそのよみがえりによって死に打ち勝たれ、そうして、御自身の死によってわたしたちのために獲得された義にわたしたちをあずからせてくださる、ということ」とあるように、主イエスが十字架の死と復活によって獲得してくださった義に今すでに私たちがあずかって、私たちも義と認められているということです。

「今なしていてくださること」とは、「その御力によってわたしたちも今や新しい命に呼びさまされている、ということ」とあるように、主イエスによって義と認められた私たちが今すでに、キリストにある永遠のいのちの祝福の中に生かされているということです。

コロサイ人への手紙三章一～三節には次のように記されています。

「あなたがたはキリストとともによみがえらされたのなら、上にあるものを求めなさい。そこでは、キリストが神の右の座に着いておられます。上にあるものを思いなさい。地にあるものを思ってはなりません。あなたがたはすでに死んでいて、あなたがたのいのちは、キリストとともに神のうちに隠されているのです。」

すでにキリストのよみがえりのいのちに結び合わされた私たちは、今、地上にありながら、上にあるものを求め、天にあるものを求めて生きることができる。これが私たちを生かすいのちの原動力と言えます。暗闇の立ちこめる時代、希望を見いだせない時代にあって、しかし上を見上げ、天を仰いで生きることができる。これこそがキリストのよみがえりのもたらしてくださった益なのです。

③キリストと共に生きる益

キリストのよみがえりのもたらす第三の益、すなわち「これからなされること」とは、「わたしたちにとって、キリストのよみがえりはわたしたちの祝福に満ちたよみがえりの確かな保証である、ということです」とあるように、キリストのよみがえりが、やがての時に迎える私たち自身のよみがえりの希望であり、保証であり、先取りであることです。

コロサイ人への手紙三章四節で、「あなたがたのいのちであるキリストが現れると、そのときあなたがたも、キリストとともに栄光のうちに現れます」と言われるとおりです。

キリストのよみがえりが私たちにもたらす益。それは私たちが死をも超えて生きる永遠のいのち、キリストに結ばれたまことのいのちをいただいて、キリスト共に生きる希望と勇気が与えられるということに尽きるでしょう。

人生において私たちが出会うさまざまな苦しみ、痛み、悲しみはいずれも死の手前のことです。その手前のことに私たちの心は支配され、揺さぶられてしまうのですが、しかし聖書はその先のことを確かに指し示しています。キリストのよみがえりは、キリストを信じる私たちもやがてこのよみがえりにあずかることのできる希望の先取りなのです。信仰の世界とは、この「希望の先取り」の世界と言ってもよいでしょう。

今の時代、特に震災後の私たちに覆い被さっているものは、先行きの見えない、どうしようもないほどの不安です。いったいこの先、私たちの生活はどうなるのか。為政者たちが「大丈夫、大丈夫」「安全、安全」と言えば言うほど不安や疑いが増していってしまう。

しかしそのような中にあって、私たちが目を留めるべきは「上にあるもの」、すなわちよみがえられて天へと挙げられたキリストのお姿です。このキリストは、私たちの王の王なるお方として今もこの世界をご自身の御心のままに統べ治めていてくださる。私たちはその御手をひたすら信じ、待ち望みつつ、その天における御心が地でも成し遂げられるように、と祈り続けるのです。

ここにおいて、主イエス・キリストのよみがえりのいのちは、そのいのちに結ばれて生きる私たちの希望となり、明日へと生かしめる力となります。希望とは遠いはるか先のものではなく、信仰において先取りされ、約束において担保された、これ以上ないほどの確かなもの、私たちを日ごとに生かす力にほかなりません。この力において生きるところに、よみがえりの最大の益があるのです。

第一八主日　第四六問〜第四九問

一九　天でのとりなし

①昇天のキリスト

問四六　あなたは「天にのぼり」をどのように理解しますか。

答　キリストが弟子たちの目の前で地上から天に上げられ、生きている者と死んだ者とを裁くために再び来られる時まで、わたしたちのためにそこにいてくださる、ということです。

十字架にかかり、三日目によみがえられた主イエス・キリストが四十日間の顕現の後に天に上げられたときの様子を、ルカは次のように記しています。

「それからイエスは、弟子たちをベタニアの近くまで連れて行き、手を上げて祝福された。そして、祝福しながら彼らから離れて行き、天に上げられた」(ルカ二四・五〇～五一)。

「こう言ってから、イエスは使徒たちが見ている間に上げられた。そして雲がイエスを包み、彼らの目には見えなくなった」(使徒一・九)。

ここで問われているのは、天へと上げられた主イエス・キリストが、今、どこにおられるのかということです。これについて第四六問は、「生きている者と死んだ者とを裁くために再び来られる時まで、わたしたちのためにそこにいてくださる」と答えます。ここで私たちが集中的に考えたいのは、昇天のキリストの臨在をどのように信じるかということです。

第四七問は、さらに続けて問います。

問四七　それでは、キリストは、約束なさったとおり、世の終わりまでわたしたちと共におられる、というわけではないのですか。

キリストが今、天にあるということと、「見よ。わたしは世の終わりまで、いつもあなたがたとともにいます」（マタイ二八・二〇）の約束とは矛盾するのではないか、ということの問いは、少々穿《うが》った響きを持つものですが、なぜ第四七問はこのように問うのでしょうか。それはキリストの臨在をどのように確信するかが、私たちの信仰に大きく深く影響を与えることをこの問答が知っているからなのでしょう。

この問いに対する答えはこうです。

答　キリストは、まことの人間でありまことの神であられます。この方は、その人間としての御性質においては、今は地上におられませんが、その神性、威厳、恩恵、霊においては、片時もわたしたちから離れてはおられないのです。

ここでは、再び仲保者キリストの神性と人性の問題が取り上げられます。まず人性においては、キリストはその復活のからだをもって昇天されたので今は地上におられない。しかし神性においては常に私たちと共にあると教えています。これは単純に、「肉体と霊」という二元化に置き換えることのできない重要な教えです。

むしろここで言われる「神性、威厳、恩恵、霊」とは、引証聖句とされているヨハネの福音書一四章によれば「助け主なる真理の御霊」のことです。つまり、上げられたキリストは、今も助け主なる聖霊において私たちと共におられると教えられているのです。

②昇天のキリストの現臨

このことをさらに詳細に語るのが第四八問です。

問四八 しかし、人間性が神性のある所どこにでもある、というわけではないのならば、キリストの二つの性質は互いに分離しているのではありませんか。

答 決してそうではありません。なぜなら、神性は捉えることができず、どこにでも臨在するのですから、確かにそれが取った人間性の外にもあれば同時に人間性の内にもあって、絶えず人間性と人格的に結合しているのです。

ここからはキリスト論における「属性の交流」という、相当に入り組んだ神学議論になってしまうため、あまり詳しい話には立ち入りませんが、ここで問題となるのは、一方では聖書でイエス・キリストはいつまでも私たちと共にいてくださると言っているのに、他方では復活の後、イエス・キリストは天へと上げられてしまう。それでは、キリストの神性と人性とは区別されてしまうのではないか、ということです。

この問いに対して第四八問は、たしかにキリストの人性は天にあるが、遍在するキリストの神性と人性とは不可分であり、その存在の在り方を受けとめなければならない、と答えるのです。これは思弁的な議論と思われがちですが、ハイデルベルク信仰問答が、このような煩瑣《はんさ》とも思える議論を行うことの背景には、当時のルター派と改革派、特にツウィングリやカルヴァン、ブリンガーの間で、乗り越えなければならなかった大きな神学的テーマの一つが、主の晩餐の礼典におけるキリストの臨在の在り方にあったという事実があります。

キリストの神性と人性とは分離されないならば、パンとぶどう酒におけるキリストの臨在もまた、まさしく「肉と血」における臨在ではないかとある人々は考えました。それに対してハイデルベルク信仰問答は、基本的にカルヴァンの理解を受け継ぎながら、たしかにキリストはパンとぶどう酒において私たちのもとに現臨されるが、キリストはそれらの中に閉じ込められるようにして臨在されるのではなく、天へと上げられたキリストが聖霊において、今、ここに現臨していると教えたのです。これを教理のことばで、「カルヴァン主義的外」（エクストラ・カルヴィニスティクム）と言います。

いずれにしても、この一見ややこしい議論は、実際には私たちの礼拝の生活の中核を形作る大事な確信に結びついています。私たちは今、天におられるキリストを仰ぎながら、しかし、その天にあるキリストが遠く離れ去ってしまったお方ではなく、聖霊において今も私たちと共にいてくださると信じています。この恵みの現実を最も鮮やかに示すのが御言葉の説教であり、主の晩餐の礼典です。天におられるキリストは、聖霊により、御言葉をもって、説教者の口を通して、礼拝において語ってくださり、また聖霊により、パンとぶどう酒を用いて、ご自身の臨在を現してくださるのです。

③キリストの昇天の益

その上で、心して学んでおきたいのが続く第四九問です。ここでも、私たちにとっての益は何かが問われます。

問四九　キリストの昇天は、わたしたちにどのような益をもたらしますか。

答　第一に、この方が天において御父の面前でわたしたちの弁護者となっておられる、ということ。第二に、わたしたちがその肉体を天において持っている、ということ。それは、頭であるキリストがこの方の一部であるわたしたちを御自身のもとにまで引き上げてくださる一つの確かな保証である、ということです。第三に、この方がその保証のしるしとして御自分の霊をわたしたちに送ってくださる、ということ。その御力によってわたしたちは、地上のことではなく、キリストが神の右に座しておられる天上のことを求めるのです。

ここで教えられていることを要約すれば、次のようになるでしょう。私たちが聖霊によって上げられたキリストと一つに結び合わされること、そのことの確かな保証として、まずキリストが上げられて今、天におられること、そして今、上げられたキリストが父なる神の右にあって、私たちの弁護者として絶えずとりなしていてくださるということです。つまり、キリストの昇天は、地上に生きる私たちにとってキリストの不在を意味するのではなく、むしろ地上にある私たちがキリストを仰ぎ見、このキリストにとりなされ、さらにはこのキリストと一つにされていくという希望としての意味を持ちます。この希望によって、私たちの信仰は基礎づけられ、方向づけられているのです。

④天でのとりなし

ローマ人への手紙八章三四節で、パウロは次のように言います。

「だれが、私たちを罪ありとするのですか。死んでくださった方、いや、よみがえられた方であるキリスト・イエスが、神の右の座に着き、しかも私たちのために、とりなしていてくださるのです。」

天に上げられたキリストは、今、父なる神の右の座にあって、私たちのためにとりなし続けていてくださる。このことは何よりも、私たち自身の祈りのことばを振り返ることで確かめることのできる恵みの事実です。私たちは祈りの結びに「イエス・キリストのお名前によって、御名を通して」と祈ります。まさに私たちの父なる神に向かう祈りは、御子イエス・キリストを通しての、その御名による祈りです。

聖霊が私たちに祈りのことばを授け、祈りの心を起こし、「アバ、父よ」と神を親しく呼ぶ信仰を与えてくださり、そうしてささげる祈りを、御子イエス・キリストが父なる神のもとに確かに送り届けていてくださる。この天での御子によるとりなしがあるので、私たちのどんなに貧しい小さな祈りであっても、一つも地に捨て置かれることなく、見過ごしにされることなく、確かに御父のもとに届けられているのです。

聖霊の励ましと御子のとりなしのゆえに、父なる神に向かって、希望をもって、忍耐強く、信頼の心をもって祈り続ける。その祈りの確かさは、私たちの熱心さやことばの巧みさ、祈りの長さや回数によるのでなく、御子イエスの天でのとりなしのゆえです。

第一九主日　第五〇問～第五二問

二〇　キリストの着座の益

①キリストの着座を告白する意図

これまで、十字架と復活と昇天と続くキリストの贖いの御業について学んできましたが、それらの重要性に比べて、天へと上げられたキリストが父なる神の右に着座されたことの固有な意味については、それほど深く考えることは少ないように思います。

しかし第五〇問は、キリストの着座の持つきわめて重要な意図を指摘しています。

問五〇　なぜ「神の右に座したまえり」と付け加えるのですか。

答　なぜなら、キリストが天に昇られたのは、そこにおいて御自身がキリスト教会の頭《かしら》であることをお示しになるためであり、この方によって御父は万物を統治なさるからです。

エペソ人への手紙一章二〇、二一節は、着座のキリストについて次のように述べます。

「この大能の力を神はキリストのうちに働かせて、キリストを死者の中からよみがえらせ、天上でご自分の右の座に着かせて、すべての支配、権威、権力、主権の上に、また、今の世だけでなく、次に来る世においても、となえられるすべての名の上に置かれました。」

この御言葉が明らかにするように、父なる神は、今、天におられるキリストを通してこの天地を治めておられ、キリストはその支配と統治を、聖霊において福音の宣教を通して実行されているのです。キリストは、人類の罪のかしら、第一のアダム以来の罪を、第二のアダムとして完全に取り除き、御言葉と御霊による支配と統治を成し遂げて、天地万物を回復し、再創造しておられるのです。

ですから、第五〇問でキリストを「キリスト教会の頭」と呼ぶとき、それは神の支配の及ぶ見えない公同の教会、もっと言えば「神の国」の広がりの中での「頭」としての位置が示唆されています。

②キリストの着座の益

問五一　わたしたちの頭《かしら》であるキリストのこの栄光は、わたしたちにどのような益をもたらしますか。

答　第一に、この方が御自身の聖霊を通して、御自身の部分であるわたしたちのうちに天からの諸々の賜物を注ぎ込んでくださる、ということ。そうして次に、わたしたちをその御力によってすべての敵から守り支えてくださる、ということです。

使徒信条はキリストへの告白に続いて、ただちに聖霊への告白に向かいますが、すでに昇天の教えとここでの着座の教えの中で、実質的に聖霊の教理が展開されています。先の第四九問では昇天のもたらす益の一つとして、私たちの救いの保証として聖霊が送られることが述べられていましたが、この第五一問では、聖霊によって天からの賜物が分け与えられることと、聖霊によって教会が守り支えられることが教えられています。では第一の、天からの賜物とは何でしょうか。エペソ人への手紙四章七～一三節には次のように記されています。

「しかし、私たちは一人ひとり、キリストの賜物の量りにしたがって恵みを与えられました。そのため、こう言われています。『彼はいと高き所に上ったとき、捕虜を連れて行き、人々に贈り物を与えられた。』『上った』ということは、彼が低い所、つまり地上に降られたということでなくて何でしょうか。この降られた方ご自身は、すべてのものを満たすために、もろもろの天よりも高く上られた方でもあります。こうして、キリストご自身が、ある人たちを使徒、ある人たちを預言者、ある人たちを伝道者、ある人たちを牧師また教師としてお立てになりました。それは、聖徒たちを整えて奉仕の働きをさせ、キリストのからだを建て上げるためです。私たちはみな、神の御子に対する信仰と知識において一つとなり、一人の成熟した大人となって、キリストの満ち満ちた身丈にまで達するのです。」

このように天の御座におられるキリストは、そこから賜物として教会に仕え人を立て、彼らを通してご自身の統治のわざを進めておられます。この仕え人による教会の統治は、聖霊の働きによっているのです。

第二の、教会をすべての敵から守り支えてくださるということについては、ヨハネの福音書一〇章二七～三〇節の御言葉に聞いておきましょう。

「わたしの羊たちはわたしの声を聞き分けます。わたしもその羊たちを知っており、彼らはわたしについて来ます。わたしは彼らに永遠のいのちを与えます。彼らは永遠に、決して滅びることがなく、また、だれも彼らをわたしの手から奪い去りはしません。わたしの父がわたしに与えてくださった者は、すべてにまさって大切です。だれも彼らを、父の手から奪い去ることはできません。わたしと父とは一つです。」

主イエスはここで、ご自身が羊の群れの良き羊飼いとして、その群れを守ること、その手段として用いるのはご自分の御声であると言っておられます。ここでも聖霊が御言葉と共に働いて、地上の教会を守り支えてくださることが教えられているのです。

二一　再臨の希望

①再臨の慰め

続いて第五二問を読みましょう。

問五二　「生ける者と死ねる者を審《さば》」かれるためのキリストの再臨は、あなたをどのように慰めるのですか。

答　わたしがあらゆる悲しみや迫害の中でも頭を上げて、かつてわたしのために神の裁きに自らを差し出しすべての呪いをわたしから取り去ってくださった、まさにその裁き主が天から来られることを待ち望むように、です。この方は、御自分とわたしの敵をことごとく永遠の刑罰に投げ込まれる一方、わたしを、

すべての選ばれた者たちと共にその御許《みもと》へ、すなわち天の喜びと栄光の中へ
と迎え入れてくださるのです。

これまでたびたび触れてきたように、ハイデルベルク信仰問答は使徒信条を説くにあたって、とりわけ私たちの救いに関する教えを述べるときには、「どのような益があるか」という問いの形を用いてきました。

ところが、主イエスの再臨を教えるこの第五二問では「益」ではなく、「慰め」が問われています。ちょうどハイデルベルク信仰問答の第一問で「生きるにも死ぬにも、あなたのただ一つの慰めは何ですか」と問われたあの「慰め」が、再びここで問われているのです。しかも、この後で「慰め」が問われるのは、第五七問の「『身体のよみがえり』は、あなたにどのような慰めを与えますか」、第五八問の「『永遠《とこしえ》の命』という箇条は、あなたにどのような慰めを与えますか」で、いずれも私たちの死といのちに関わるものであるのが意味深いところです。

「再臨」「終末」「最後の審判」というと、私たちは恐ろしい世界の終わりと滅亡の物語を連想しがちです。ところが聖書の語る再臨は、「慰めである」と第五二問は説くのです。

たしかに私たちの地上の歩みの中には、「あらゆる悲しみや迫害」があり、それらは私

たちの心を重く押さえつけ、頭をもたげさせるような経験です。主イエスご自身もヨハネの福音書一六章三三節で、「世にあっては苦難があります」と語られました。

しかしそのような患難の中にあっても、私たちが「頭を上げ」ることができるのはなぜか。それはすでに世に打ち勝った栄光の主キリストが再び来られ、私たちを天の御国へと迎え入れてくださるという、確かな約束に裏づけられた再臨の希望があるからです。

②国籍は天に

この希望を支えてくれるのが、ピリピ人への手紙三章二〇節の御言葉です。

「私たちの国籍は天にあります。そこから主イエス・キリストが救い主として来られるのを、私たちは待ち望んでいます。」

私たちの救い主イエス・キリストは、十字架と復活をもって私たちの贖いを成し遂げて、最後の敵である死に勝利し、すでに世に打ち勝たれた栄光の御姿をもって再び来られ、救いを完成し、新天新地をもたらしてくださるお方です。

それとともに、再臨の主イエスは「裁き主」であり、私たちはやがて終わりの時に、神の御前に立って最後の審きを受けなければなりません。それは私たちにとって、慰めをかき消すほどの恐れおののく出来事です。しかし、「かつてわたしのために神の裁きに自らを差し出しすべての呪いをわたしから取り去ってくださった、まさにその裁き主」とあるように、裁き主は同時に、私たちへの裁きをすでにご自身に引き受けてくださった贖い主でもあります。それで私たちは罪赦されて、今は神の子とされた者、御子の血によってきよめられて、義の衣を着せられた者として御前に立つことが許されるのです。

③再臨の希望

だからこそ、第五二問はキリストの再臨の希望を次のように語るのです。「この方は、御自身とわたしの敵をことごとく永遠の刑罰に投げ込まれる一方、わたしを、すべての選ばれた者たちと共にその御許へ、すなわち天の喜びと栄光の中へと迎え入れてくださるのです。」

キリストの再臨への希望は、私たちにとっては「天の喜びと栄光の中へと迎え入れて」いただくという約束です。この約束の確かさに生きるとき、私たちは頭を上げることができるのです。

主イエスは、ルカの福音書二一章二七、二八節で言われました。

「そのとき人々は、人の子が雲のうちに、偉大な力と栄光とともに来るのを見るのです。これらのことが起こり始めたら、身を起こし、頭を上げなさい。あなたがたの贖いが近づいているからです。」

地上の絶えざる苦しみの中で、しかし私たちは天の喜びと栄光に向かって、からだをまっすぐに伸ばし、頭を上げて、やがて来られる主イエス・キリストを待ち望んで生きることができる。これが、主イエスの再臨のもたらす慰めです。

パウロはコリント人への手紙第二、五章一、二節で「たとえ私たちの地上の住まいである幕屋が壊れても、私たちには天に、神が下さる建物、人の手によらない永遠の住まいがあることを、私たちは知っています。私たちはこの幕屋にあってうめき、天から与えられる住まいを着たいと切望しています」と語り、八節で「肉体を離れて、主のみもとに住むほうがよいと思っています」と語った後、九節で「そういうわけで、肉体を住まいとしていても、肉体を離れていても、私たちが心から願うのは、主に喜ばれることです」と語りました。別の訳では「ひたすら主に喜ばれる者でありたい」となっています。主の裁きの座に立つときに、ひたすら主に喜ばれる者でありたい。これが私たちの地上の生を形作るものです。

私たちの地上の歩みにおいては日々さまざまな試練があり、患難があり、苦しみが絶えることはありません。それでも、私たちがそのような人生に絶望し、これを投げ出してしまうことがなく、天を仰いで背筋をまっすぐに伸ばし、頭を上げて、やがて来られる主イエス・キリストを待ち望んで生きることができる。これが主イエスの再臨のもたらす希望であり、慰めです。

足もとを見ずに天ばかりを見上げていては、時に躓《つまず》くことがあるかもしれません。けれども、足もとばかりを見て天を見上げることを忘れては、どこに行くかを知ることができません。私たちの目指すべき真の国籍の在処、天の故郷を仰ぎ見つつ、しっかりと足もとを見つめ、確かな足取りで今日からの日々を歩み行くものでありたい。そのような姿が、天に国籍を持つ者、希望において生きる者の姿を証しすることになるのではないでしょうか。

聖霊なる神について

第二〇主日　第五三問

二二　共におられる聖霊

①聖霊を信じるということ

第二〇主日からは、使徒信条の第三項、「我は聖霊を信ず」との告白に進みます。第五三問を読みましょう。

問五三　「聖霊」について、あなたは何を信じていますか。

答　第一に、この方が御父や御子と同様に永遠の神であられる、ということ。第二に、この方はわたしに与えられたお方でもあり、まことの信仰によってキリストとそのすべての恵みにわたしをあずからせ、わたしを慰め、永遠にわたしと共にいてくださる、ということです。

少しおさらいになりますが、ハイデルベルク信仰問答の第二四問では、父、子、聖霊の神の存在と御業について次のように言われていました。

問二四　これらの箇条はどのように分けられますか。

答　三つに分けられます。第一に、父なる神と、わたしたちの創造について、第二に、子なる神と、わたしたちの贖いについて、第三に、聖霊なる神と、わたしたちの聖化についてです。

このように、父なる神の主たるお働きは「創造のわざ」、御子イエス・キリストの主たるお働きは「贖いのわざ」、そして聖霊なる神の主たるお働きは「聖化のわざ」、すなわち私たちの救いの完成に関するお働きだと説き明かされました。ここにすでに聖霊なる神への信仰の内容が言い表されているのですが、そのことが具体的に展開されるのが第二〇主日からの箇所となります。

まず第五三問によって、聖化のわざを果たされる聖霊の神の働きをまとめておきましょう。「第一に、この方が御父や御子と同様に永遠の神であられる、ということ」と言われます。

これまで「三位一体」ということばを、特にことわりなく用いていますが、しばしば指摘されるように聖書の中には「三位一体」という用語はありません。後の時代の教父たちが聖書を丹念に調べる中で、イエス・キリストが神であることを告白し、この御子と御父との関係を整理し、そして御子と聖霊の関係を整理してきたのです。そこには御子が神であることを否定するさまざまな異端、そして聖霊が神であることを否定するさまざまな異端との戦いがあったためでした。ですから、教会はいつでも御言葉に教えられながら、聖霊が御父や御子と同様に永遠の神であられると信じ、告白してきたのです。
今日、近代的な啓蒙主義、合理主義が行き詰まりを見せて、多くの人々が目に見えない霊的な世界に惹かれていくポスト・モダンの時代を迎えており、そこではさまざまな「霊」への関心が高まっています。そのような中で、私たちは悪しき諸霊と聖霊を混同することなく、聖書が教え、教会が信じ続けてきた正しい道筋で、聖霊なる神を信じ告白することが求められているでしょう。

②共におられる聖霊

続いて第五三問は、聖霊の存在と御業について次のように述べます。「第二に、この方はわたしに与えられたお方でもあり、まことの信仰によってキリストとそのすべての恵みにわたしをあずからせ、わたしを慰め、永遠にわたしと共にいてくださる、ということです。」

聖霊なる神は「まことの信仰によってキリストとそのすべての恵みにわたしをあずからせ」てくださるお方です。ガラテヤ人への手紙三章一四節に「それは、アブラハムへの祝福がキリスト・イエスによって異邦人に及び、私たちが信仰によって約束の御霊を受けるようになるためでした」とあります。神がアブラハムとの間に結んでくださった契約に基づく、旧約以来の神の民への祝福が、いまや主イエスの恵みと一つとなって私たちに与えられるのです。

また聖霊なる神は、「わたしを慰め」てくださるお方です。ヨハネの福音書一五章二六節に「わたしが父のもとから遣わす助け主、すなわち、父から出る真理の御霊が来るとき、その方がわたしについて証ししてくださいます」とあり、また使徒の働き九章三一節に「こうして、教会はユダヤ、ガリラヤ、サマリアの全地にわたり築き上げられて平安を得た。主を恐れ、聖霊に励まされて前進し続け、信者の数が増えていった」とあります。聖霊は「慰め主」「助け主」「励まし主」と言われますが、まさに私たちの傍らにいつも寄り添って、キリストの恵みを証しし続け、それによって私たちをキリストに結び合わせてくださる、慰めの存在なのです。

そして聖霊なる神は、「永遠にわたしと共にいてくださる」お方です。ヨハネの福音書一四章一六、一七節に「そしてわたしが父にお願いすると、父はもう一人の助け主をお与えくださり、その助け主がいつまでも、あなたがたとともにいるようにしてくださいます。この方は真理の御霊です。世はこの方を見ることも知ることもないので、受け入れることができません。あなたがたは、この方を知っています。この方はあなたがたとともにおられ、また、あなたがたのうちにおられるようになるのです」と記されているとおりです。

聖霊なる神は、「私」という固有の存在をキリストとそのすべての祝福へと結びつけ、これにあずからせ、慰め主として私と共にあり、私という存在を通して働いてくださるのです。

③聖霊の力を受けて

ペテロの手紙第一、四章一四節には次のように記されています。

「もしキリストの名のためにののしられるなら、あなたがたは幸いです。栄光の御霊、すなわち神の御霊が、あなたがたの上にとどまってくださるからです。」

この御言葉がペテロによって書かれたというのは、実に感慨深いものがあります。前半は、あのマタイの福音書の山上の説教で主イエスがお語りくださった「義のために迫害されている者は幸いです」を思い起こさせます。実際に主イエスの教えを間近で聞いていたペテロならではの、主イエスの語り口を彷彿とさせることばでしょう。また、主イエスの十字架のとき、人々を恐れて主イエスを否んでしまったペテロが、晩年を迎えて手紙においてこのように初代教会の信徒たちを励ましているというのも、心に深く留まるものです。

かつてのあのペテロが、今このように語っている。それを可能にしているものはいったい何なのか。いったい何がペテロをこのように語る者へと作り変えたのか。その答えが、この御言葉の後半に記されます。「栄光の御霊、すなわち神の御霊が、あなたがたの上にとどまってくださるからです。」

これはまさにペテロという一人の人間、一人の信仰者において起こった父なる神の御業、御子イエス・キリストの御業、そして聖霊なる神の御業にほかなりません。まさにペテロ自身が、聖化の御業を果たされる聖霊を受け取ったがゆえに、今こうして、「もしキリストの名のためにののしられるなら、あなたがたは幸いです。栄光の御霊、すなわち神の御霊が、あなたがたの上にとどまってくださるからです」と語ることのできる者へと作り替えられていったのです。

聖霊が私たちのうちに共にいてくださる。これは信仰の理屈や論理でなく、それを超えた真の現実です。まさに聖霊は私たちの上にとどまり、私たちのうちに住み、そして私たちと共にいてくださるのです。それによって、どんな困難の中にあってもなお聖霊の力によって生きることができるようにと、今日も私たちを力づけ、励まし、慰め、キリストの聖さにあずからせ、キリストご自身と私たちを結び合わせ続けていてくださるのです。

第二一主日　第五四問～第五六問

二三　教会を信じる

①教会を信じる

第二一主日は、使徒信条の「我は聖霊を信ず、聖なる公同の教会、聖徒の交わり、罪の赦しを信ず」との告白が説き明かされるところです。

まず第五四問を読みましょう。

問五四　「聖なる公同《こうどう》の教会」について、あなたは何を信じていますか。

答　神の御子が、全人類の中から、御自身のために永遠の命へと選ばれた一つの群れを、御自分の御霊と御言葉とにより、まことの信仰の一致において、世の初めから終わりまで集め、守り、保たれる、ということ。そしてまた、わたしがその群れの生きた部分であり、永遠にそうあり続ける、ということです。

使徒信条は教会を、「聖なる」と「公同の」という二つのことばで表現していますが、ハイデルベルク信仰問答は、これら教会の聖性と公同性を次のように説き明かします。まず教会の「聖さ」は、「神の御子が、全人類の中から、御自身のために永遠の命へと選ばれた」という、神の選びの事実に基づいているとします。神がご自身の御心のままに、御子イエス・キリストによって選んでくださったがゆえに、教会は「聖なる」ものとされているのです。また「公同の」とは、御子イエス・キリストによって選ばれた「一つの群れ」が、「御自分の御霊と御言葉とにより、まことの信仰の一致において、世の初めから終わりまで集め、守り、保たれる」姿を言い表しています。

今日、私たちは現実の問題として「教会が一つである」ということの意味を問われているように思います。プロテスタント教会はその歴史においてさまざまな教派、教団に分かたれて今に至ってきました。それらの歴史的経緯の必然ということ踏まえた上で、なお「教会は一つ」ということをあきらめてはならないとも思うのです。

もちろん教会の一致は「信仰の一致」によるものですから、それを抜きにして単に一つになることは難しいことですが、それでも教会が本来一つのものであり、一つになるべきであることを真剣に考えなければならないと思わされています。

私がこのことを痛切に覚えさせられたのは、やはり東日本大震災の経験でした。震災直後から、各地で教団教派を超えたさまざまな協力がなされました。それ以前では考えられなかったほどに、多くの教会が力を合わせ、一致協力して主の愛のわざをなんとか果たそうと懸命に働きました。けれども、やがて時が経つに連れて、再びさまざまな垣根が見えてきて、それぞれが元の場所に戻って行ってしまうような現象が起こり始めています。そのような今こそ、「公同の教会を信じる」ことのダイナミズムが問われているように思えてならないのです。

②教会の結集とその手段

イエス・キリストによって選び出され、召し出された主イエス・キリストの群れは、「御自分の御言葉と御霊とにより、まことの信仰の一致において、世の初めから終わりまで集め、守り、保たれる」と教えられます。

ここでまず重要なのは、主イエス・キリストがご自分の群れを治めるにあたって用いられる手段が、「御言葉と御霊」であるということです。ヨハネの福音書一〇章一四節から一六節で、主イエス・キリストは次のように語られました。

「わたしは良い牧者です。わたしはわたしのものを知っており、わたしのものは、わたしを知っています。ちょうど、父がわたしを知っておられ、わたしが父を知っているのと同じです。また、わたしは羊たちのために自分のいのちを捨てます。わたしにはまた、この囲いに属さないほかの羊たちがいます。それらも、わたしは導かなければなりません。その羊たちはわたしの声に聞き従います。そして、一つの群れ、一人の牧者となるのです。」

主イエス・キリストがご自身の羊の群れを、ご自身の御声をもってお呼びになる。そこに教会が呼び集められる姿があります。主イエス・キリストはまた、ヨハネの福音書一四章二六節で次のようにも語られました。

「しかし、助け主、すなわち、父がわたしの名によってお遣わしになる聖霊は、あなたがたにすべてのことを教え、わたしがあなたがたに話したすべてのことを思い起こさせてくださいます。」

ここには聖霊なる神のお働きが、私たちのうちに主イエス・キリストの御心を明らかにするものであることが教えられます。まことの良い牧者である主イエス・キリストがご自身の教会に御言葉をもって語りかけられ、聖霊が御言葉と共に働いてくださるとき、そこで羊の群れである教会は、まことに主イエス・キリストの教会として、どこからでも呼び集められ、いかなる時にも守られ、そして世の終わりまで保たれるのです。

③ 教会と神の国の希望

主イエス・キリストにあって召され、御言葉と御霊によって呼び集められ、守られる教会は、世の終わりまで保たれるのですが、そこには明確な目標が見据えられています。この地上の教会の目標、ゴールはどこにあるのか。それは神の御国の完成の時です。少し先取りすることになりますが、主の祈りの説き明かしである第一二三問で次のように言われています。

問一二三　第二の願いは何ですか。

答　「み国を来たらせたまえ」です。すなわち、あなたがすべてのすべてとなられる御国の完成に至るまで、わたしたちがいよいよあなたにお従いできますよう、あなたの御言葉と御霊によってわたしたちを治めてください、あなたの教会を保ち進展させてください、……。

この第一二三問を第五四問といっしょに読むならば、教会が今ここで保たれるばかりでなく、神の国の完成を目指して進展し続けていく、神の国の歴史に生きる存在であることに気づかされます。

教会のいのちである主の日の礼拝において、主イエス・キリストの御言葉が語られ、聖霊が働かれてそこに神の救いの御業が起こるとき、教会はこの地上の只中にあって、創造から終末へと貫かれる神の大いなる救いの歴史の最先端に立っており、ちょうど波をかき分けて進む船の舳先にあって、先へ先へと神の国の歴史を切り拓いて進むのです。まさに神の国の前衛としての教会、礼拝、説教の位置がそこで明確になります。

このような教会の救済史的意味と終末論的位置を見据えるとき、そこに教会の果たすべき使命が見えてきます。教会が神の国の実現に向かって果たすべき使命とは何か。それが教会を通しての福音宣教の御業なのです。宗教改革の時代以上に、今、私たちに期待されている使命。それがイエス・キリストの福音を伝える宣教の使命です。教会のあらゆる営みは、この福音の宣教の使命に向けて方向づけられ、教会の姿勢全体がその方向へと整え直されていく必要があります。それが終末の時代を生きる教会が、その託された使命に応えて生きるために求められていることなのです。

④キリストのからだ

では、こうして結集させられた教会に、「私」はいったいどのように関わるのでしょうか。第五四問は続けます。「そしてまた、わたしがその群れの生きた部分であり、永遠にそうあり続ける、ということです。」

ここには、教会がキリストの生きたからだであり、私がそのからだの部分であると教えられます。聖書の中には教会を表す数多くの表現がありますが、その中で最も重要なのがこの「キリストのからだ」としての姿です。コリント人への手紙第一、一二章二七節で「あなたがたはキリストのからだであって、一人ひとりはその部分です」と言われるとおりです。

さらにパウロは、私たちが一度このキリストのからだに結び合わされたのなら、それが最後まで全うされることをも教えています。コリント人への手紙第一、一章八、九節は言います。

「主はあなたがたを最後まで堅く保って、私たちの主イエス・キリストの日に責められるところがない者としてくださいます。神は真実です。その神に召されて、あなたがたは神の御子、私たちの主イエス・キリストとの交わりに入れられたのです。」

一つの生きたからだの中に加えられ、その器官としてかしらなるキリストのために奉仕する。そこに教会に仕える私たちの姿があるのです。

二四　イエス・キリストとの交わり

①聖徒の交わり

古代以来、教会を指導してきた神学者たちは「教会」を言い表す用語として、いくつかの表現を用いてきました。「聖徒の集い」「選ばれた者のからだ」、そして「聖徒の交わり」などです。その中でも最も用いられたのが、「聖徒の交わり」という言い方でした。そこで第五五問を読みましょう。

問五五　「聖徒の交わり」について、あなたは何を理解していますか。

答　第一に、信徒は誰であれ、群れの一部として、主キリストとこの方のあらゆる富と賜物にあずかっている、ということ。第二に、各自は自分の賜物を、他の部分の益と救いとのために、自発的に喜んで用いる責任があることをわきまえなければならない、ということです。

ここでまず覚えたいのは、教会とは信ずべきものであるということです。教会を信じるとは、三位一体の神を信じることと同じではありませんが、しかし聖霊の神への信仰の中に、それはしっかりと位置づけられるものでもあります。三位一体の神への信仰が、私たちを「聖徒の交わり」と信じる信仰へと導くのです。

たしかに、地上の教会にはさまざまな弱さや欠けがあります。「罪人の集まり」である現実も絶えず存在します。けれども、その集まりを指して「聖なる者たち」と私たちが呼ばれるのは、いったいなぜなのか。このことを考えるとき、そこに罪深い私たち、しかし確かに罪赦された私たちの内に住んでくださる聖霊なる神のお姿を認めることができるのです。

さらに、教会が聖徒の交わりと呼ばれるのは、キリストのからだの肢体である私たちが「誰であれ、群れの一部として、主キリストとこの方のあらゆる富と賜物にあずかっている」からであると言われます。つまり、私たちが「聖徒」と呼ばれ、その交わりに加えられているのは、私の内に聖なるものがあるからではなく、教会のかしらであるキリストの聖さに私たちがあずかっているからなのです。ヨハネの手紙第一、一章三節でこう言われるとおりです。「私たちの交わりとは、御父また御子イエス・キリストとの交わりです。」

「キリストのものとされる」ということが、この信仰問答の中心にあることをこれまでくり返し確認してきましたが、それは「キリストと私」という個人的関係のみならず、

「かしらなるキリストと、そのからだである教会に結び合わされた私たち」という共同体としての関係なのです。このキリストとの結びつきがしっかりと受けとられるならば、教会の交わりが単なる同好の集まりや人間的な集いに終わることはありません。そこでは絶えず、かしらなるキリストがその交わりの真ん中にお立ちくださり、私たちをご自身の中にある富と賜物とにあずからせてくださるのです。

②互いのための交わり

続いて第五五問は聖徒の交わりというものを、互いのためのものと理解して、次のように説きます。「第二に、各自は自分の賜物を、他の部分の益と救いとのために、自発的に喜んで用いる責任があることをわきまえなければならない、ということです。」

聖徒の交わりとしての教会は、かしらなるキリストの富と賜物にあずかる交わりですが、しかしそれは私たちが受け取る側に立ち続けるためではなく、そのようにして受けた賜物を互いのために用いるためであると言うのです。

ヨハネの福音書一三章三四、三五節で主イエスは言われました。

「わたしはあなたがたに新しい戒めを与えます。互いに愛し合いなさい。わたしがあなたがたを愛したように、あなたがたも互いに愛し合いなさい。互いの間に愛があるなら、それによって、あなたがたがわたしの弟子であることを、すべての人が認めるようになります。」

これは主イエスが十字架を前にした最後の晩餐の席で、弟子たちの足を洗われた直後に語られたことばです。

このとき、主イエスによってその足を洗ってもらったペテロが、後になってペテロの手紙第一、四章七〜一一節で次のように語っています。

「万物の終わりが近づきました。ですから、祈りのために、心を整え身を慎みなさい。何よりもまず、互いに熱心に愛し合いなさい。愛は多くの罪をおおうからです。不平を言わないで、互いにもてなし合いなさい。それぞれが賜物を受けているのですから、神の様々な恵みの良い管理者として、その賜物を用いて互いに仕え合いなさい。語るのであれば、神のことばにふさわしく語り、奉仕するのであれば、神が備えてくださる力によって、ふさわしく奉仕しなさい。すべてにおいて、イエス・キリストを通して神があがめられるためです。この方に栄光と力が世々限りなくありますように。アーメン。」

この御言葉に背後には、たしかに主イエスによって足を洗っていただいた記憶があったに違いありません。そして「わたしがあなたがたを愛したように」という主イエスの愛の記憶が、「何よりもまず、互いに熱心に愛し合いなさい」「不平を言わないで、互いにもてなし合いなさい」「それぞれが賜物を受けているのですから、神の様々な恵みの良い管理者として、その賜物を用いて互いに仕え合いなさい」との勧めのことばを生み出していったのではないでしょうか。

私たちにも一人一人にそれぞれ、主イエスから豊かな賜物が与えられています。それは自分自身を豊かにするために用いられるのではなく、互いの益と救いのために喜んでささげ、仕え合うためです。しかもそれは主から賜物をゆだねられたものとしての「責任」であることを「わきまえなければならない」と命じられています。

聖徒の交わり、それは互いに愛を要求し合い、仕えてもらうことを要求し合う交わりではなく、互いに愛を与え合い、互いに仕え合うための交わりです。そのために、私たちは主イエス・キリストの富と賜物とをいただいているのです。

二五　罪赦された者たちの群れ

①罪の赦しの「今」

第五六問では「罪のゆるし」について説き明かされます。ハイデルベルク信仰問答は、聖霊の神への信仰の項で、教会、罪の赦し、からだのよみがえり、永遠のいのちを告白しますが、それは罪の赦しと永遠のいのちの約束が、絶えず聖霊によって保たれ続けていくことの確かさの証しでもあるのです。

問五六　「罪のゆるし」について、あなたは何を信じていますか。

答　神が、キリストの償いのゆえに、わたしのすべての罪と、さらにわたしが生涯戦わなければならない罪深い性質をも、もはや覚えようとはなさらず、それどころか、恵みにより、キリストの義をわたしに与えて、わたしがもはや決して裁きにあうことのないようにしてくださる、ということです。

ここには、私たちの罪の赦しの「今」と「これから」が示されています。「今」に関しては、「神が、キリストの償いのゆえに、わたしのすべての罪と、さらにわたしが生涯戦わなければならない罪深い性質をも、もはや覚えようとはなさらず……」と述べられます。私たちの罪とその罪の結果として生じる汚れ、腐敗、咎、私たちのからだに染みついてしまっている罪の性質とのいずれもが、ただ一回きりのキリストの償い、すなわち十字架の贖いの御業によって、もはや父なる神の御前に覚えられることがない、と言うのです。

罪とその汚れは、私たちを日々苦しめる連続的なものです。そして私たちは、その時々に罪に対する小さな敗北をくり返しているのです。

しかし、ヨハネの手紙第一、一章七節で「御子イエスの血がすべての罪から私たちをきよめてくださいます」と言われるように、その私たちの過去の罪も、現在の罪も、一回のキリストの贖いの確かさのゆえに赦されている。これが、私たちに与えられている罪の赦しの「今」の意味です。

父なる神は日ごとに罪への敗北をくり返す私たちのゆえでなく、そんな私たちのために償いをしてくださった御子イエスのゆえに、「わたしのすべての罪と、さらにわたしが生涯戦わなければならない罪深い性質をも、もはや覚えようとはなさら」ない。イザヤ書一章一八節で語られるとおりです。

「たとえ、あなたがたの罪が緋のように赤くても、雪のように白くなる。たとえ、紅のように赤くても、羊の毛のようになる。」

父なる神は御子イエス・キリストの十字架によって、もはや私たちの罪は完全に償われたとし、私たちを二度と再び罪に定めることをなさらない。私たちに与えられている罪の赦しの確かさを覚えたいと思います。

②罪の赦しの「これから」

さらに第五六問は続けます。「それどころか、恵みにより、キリストの義をわたしに与えて、わたしがもはや決して裁きにあうことのないようにしてくださる、ということです。」

ここに記されるのは、罪の赦しの「これから」についてです。過去から現在に至る罪についての解決が主イエスによって与えられているだけでなく、ここには「わたしがもはや決して裁きにあうことのないようにしてくださる」という神の御業が告白されているのです。

生涯にわたる罪との戦いの中に今もなお置かれている私たちについて、しかし「もはや決して裁きにあうことがない」と断言する根拠はいったいどこにあるのでしょうか。ここでは神が「恵みにより、キリストの義をわたしに与え」たゆえであると教えられて、信仰義認の教えがくり返されるのです。

私自身の内には、自分の罪を解決する力は一切ないにもかかわらず、これから後も決して罪の裁きにあうことがないようにされたのは、ただ御子イエス・キリストが十字架の贖いによって獲得してくださった義が、恵みによって私に与えられているからなのです。

私の「外」において起こったキリストの贖いが、私の「ため」に与えられ、キリストの贖いのゆえに与えられた赦しが、今、確かに私の「内」にある。そのすべてが聖霊のお働きなのです。

第二二主日　第五七問、第五八問

二六　「身体のよみがえり」の慰め

①キリストの似姿に

ハイデルベルク信仰問答の第一問が問うた、生と死における「ただ一つの慰め」の、最も中心的なことが扱われるのが、第二二主日、使徒信条の「身体のよみがえり、永遠のいのちを信ず」を説く第五七問と第五八問です。

二つの問答を読んでおきましょう。

問五七　「身体のよみがえり」は、あなたにどのような慰めを与えますか。

答　わたしの魂が、この生涯の後直ちに、頭なるキリストのもとへ迎え入れられる、というだけではなく、やがてわたしのこの体もまた、キリストの御力によって引き起こされ、再びわたしの魂と結び合わされて、キリストの栄光の御体と同じ形に変えられる、ということです。

問五八　「永遠《とこしえ》の命」という箇条は、あなたにどのような慰めを与えますか。

答　わたしが今、永遠の喜びの始まりを心に感じているように、この生涯の後には、目が見もせず耳が聞きもせず、人の心に思い浮かびもしなかったような完全な祝福を受け、神を永遠にほめたたえるようになる、ということです。

死の問題、死後の問題は私たちにとって、信仰理解の本質に関わるテーマです。私たちはこれを興味本位に扱うことはできません。死はだれにとっても避けて通ることのできない人生の一大事であり、しかも死後の問題は、私たちにとって隠され、秘められたことでもあるからです。そこで私たちは死後の問題を扱うにあたっては、抑制的な姿勢を取らざるを得ません。御言葉が沈黙している領域に、いたずらに深入りすることは慎まなければならないでしょう。そのようなわきまえをもった上で、ハイデルベルク信仰問答は御言葉が明らかに語っていることに基づいて、端的に語るのです。第五七問はからだのよみがえりについて、二つの点を挙げています。第一に「わたしの魂が、この生涯の後直ちに、頭なるキリストのもとへ迎え入れられる」こと、第二に「やがてわたしのこの身体もまた、キリストの御力によって引き起こされ、再びわたしの魂と結び合わされて、キリストの栄光の御体と同じ形に変えられる、ということです」。

ここで大切なのは「直ちに」と「やがて」ということばです。私たちの魂は死後「直ちに」かしらなるキリストのもとに迎え入れられ、「やがて」のときにからだも復活させられ、魂と結び合わされ、キリストの栄光のからだと同じ形に変えられる。これこそが私たちの救いの完成の姿です。ヨハネの手紙第一、三章二節にこうあるとおりです。

「愛する者たち、私たちは今すでに神の子どもです。やがてどのようになるのか、まだ明らかにされていません。しかし、私たちは、キリストが現れたときに、キリストに似た者になることは知っています。キリストをありのままに見るからです。」

②「身体のよみがえり」の慰め

さらに大切なのはよみがえりが「身体」をともなったものであるという事実です。ここに私たちに与えられている希望と慰めの根拠があるのです。この点について、オランダの神学者ファン・ルーラーが使徒信条の講解の中で説いたことばを紹介しておきましょう（『キリスト者は何を信じているのか——昨日・今日・明日の使徒信条』）。

「肉体の復活についてのこの条項が持っている大きな価値は、キリスト教的希望は創造された現実の何ものも失わないという点にあります。私たちは、私たちについての思い出が私たちの親族や友人たちのもとに、あるいは神のみもとにかろうじて残るということで満足することはできません。私たちはまた、私たちが私たちの霊魂や人格存在の不死性あるいは私たちの神関係の不死性の力によって精神的にさらに存続するとか、ましてや私たちが私たちの子供の中にさらに生き続けるといったことに満足することはできません。イエス・キリストの復活を通して、全体として、人格的に、また私たちの体をもって、生命の希望のもとに動かされています。」

ここでファン・ルーラーは、キリスト教信仰における復活の信仰が、先に召された人についての単なる「思い出」や「精神的な存続」などではなく、「身体をもって」のリアルな信仰であることを語ります。そこでこう続けるのです。

「それゆえ私たちはあらゆる時代のキリスト者たちと共に、力を込めて肉体の復活を信仰告白するのです。この信仰箇条は、それを可能な限り著しく言い表しています。多くの神学者たちはそれがあまりに物質主義的に響きすぎると思っています。むしろ彼らは、むしろ体の復活か死人の復活、ないしは人間の復活について好んで語りたいのです。しかしこれは私にはあまりにも繊細すぎるように思われます。というのは、ここでは明らかに被造性としての私たちの身体性に対する完全な然《ヤー》りが言われるべきだからです。」

主イエス・キリストのよみがえりのゆえに、私たちのもたらされたよみがえりの信仰は、この地上と、来たるべき神の国との間の「非連続」と「連続」の両面があります。「天上のからだの輝きと地上のからだの輝きは異なり」（Ⅰコリント一五・四〇）、「朽ちるもので蒔かれ、朽ちないものによみがえらされ、卑しいもので蒔かれ、栄光あるものによみがえらされ、弱いもので蒔かれ、力あるものによみがえらされ、血肉のからだで蒔かれ、御霊に属するからだによみがえらされるのです。血肉のからだがあるのですから、御霊のからだもあるのです」（同四二～四四節）と言われるように、そこには確かに非連続性があります。

しかしその一方で、よみがえられた主イエス・キリストの両手に釘の傷跡、脇腹に槍の傷跡が残っていたように、私たちのよみがえりのからだも、それはまぎれもなく地上の肉体との連続性の中にあるのです。

さらにファン・ルーラーは、私たちのよみがえりのからだについて、それを「私が私である全体性」と言うのです。

「しかもそれ以上のことがあります。そうです。その際重要なのはただ単に魂と体だけではありません。そうでなく、私が私である全体性が重要です。私は何でしょうか。私は充満した時間の一部でもあります。私の全生涯の時間と共に、私がここにあったし、また現にある、そのすべてと共に私は起き上がります。しかしまた、それらの中にあったあらゆる堕落から私は解放されます。このことが私たちの復活祭の希望をいよいよ大きくし、また理解を越えたものにするのです。」

こうしてファン・ルーラーは、からだのよみがえりを、被造物全体の回復、あらゆる堕落からの解放という宇宙大の広がりの中で、希望として位置づけるのです。

③「永遠《とこしえ》のいのち」の慰め

これほどまでに壮大で豊かな、希望に満ちたからだのよみがえりの信仰を賜っている私たちは、その後迎え入れられる永遠のいのちの祝福についても、まことに確かな希望と約束をいただいています。

第五八問は、この永遠のいのちの信仰が私たちにもたらす慰めを次のような希望にあふれる語り口で語りました。「わたしが今、永遠の喜びの始まりを心に感じているように、この生涯の後には、目が見もせず耳が聞きもせず、人の心に思い浮かびもしなかったような完全な祝福を受け、神を永遠にほめたたえるようになる、ということです。」

ここで大切なことは、第一に「今、永遠の喜びの始まりを心に感じている」ということです。永遠のいのちの希望は、遠い先のこと、肉体の死の後のことでなく、むしろ「今」を生きる私たちを、まことのいのちに生かす力です。希望によって私たちの日常は、さまざまな苦しみや困難の中にあっても前へと進んでいくことができるのです。私たちは日々の生活の中であれこれと思い煩い悩むものですが、しかし永遠のいのちの祝福に比べるならば、究極的にはそれらは実に取るに足らないこととも言えるでしょう。今この私の中に永遠のいのちがある。この事実は御言葉と御霊によって私たちにもたらされ、そこに喜びが生まれるのです。パウロが、ローマ人への手紙一四章一七節で次のように語るとおりです。「神の国は食べたり飲んだりすることではなく、聖霊による義と平和と喜びだからです。」

第二に、この生涯の後には「完全な祝福を受け、神を永遠にほめたたえるようになる」ということです。しかもそれは「目が見たことのないもの、耳が聞いたことのないもの、人の心に思い浮かんだことがない」（Ⅰコリント二・九）祝福であると言うのです。

ここにも「永遠」と「今」の間の連続と不連続があります。永遠のいのちにあずかる状態は、今すでに喜びにおいて始まっているという点では連続性がありますが、しかしそれが私たちにもたらされるときには、私たちの思いをはるかに超えた完全な祝福として与えられるのです。永遠に神と共にあること。それが主イエス・キリストが贖いによって獲得し、聖霊によって私たちに分け与えられた完全な祝福です。この恵みを今、喜ぶ私たちでありたいと願います。

第二三主日　第五九問〜第六一問

二七　信仰による義

①立ちもし、倒れもする条項

第二三主日は、救いの教えの中心にある「信仰義認」について説き明かされるところです。第五九問から第六一問を読んでおきましょう。

問五九　それでは、これらすべてを信じることは、あなたにとって今どのような助けになりますか。

答　わたしが、キリストにあって神の御前で義とされ、永遠の命の相続人となる、ということです。

問六〇　どのようにしてあなたは神の御前で義とされるのですか。

答　ただイエス・キリストを信じる、まことの信仰によってのみです。すなわち、たとえわたしの良心がわたしに向かって、「お前は神の戒めすべてに対して、はなはだしく罪を犯しており、それを何一つ守ったこともなく、今なお絶えずあらゆる悪に傾いている」と責め立てたとしても、神は、わたしのいかなる功績にもよらずただ恵みによって、キリストの完全な償いと義と聖とをわたしに与え、わたしのものとし、あたかもわたしが何一つ罪を犯したことも罪人であったこともなく、キリストがわたしに代わって果された服従をすべてわたし自身が成し遂げたかのようにみなしてくださいます。そして、そうなるのはただ、わたしがこのような恩恵を信仰の心で受け入れる時だけなのです。

問六一　なぜあなたは信仰によってのみ義とされる、と言うのですか。

答　それは、わたしが自分の信仰の価値のゆえに神に喜ばれる、というのではなく、ただキリストの償いと義と聖だけが神の御前におけるわたしの義なのであり、わたしは、ただ信仰による以外に、それを受け取ることも自分のものにすることもできないからです。

信仰義認の教えは、宗教改革の教会にとってしばしば「教会が立ちもし、倒れもする条項」と呼ばれるほどに中心的なものです。ハイデルベルク信仰問答も、すでに第五主日、第六主日で信仰義認論を扱っていました。

そこでは、私たちが生まれつき神の御前に不義なものであり、自分の行いで正しい者となることができないこと、自分でもなく他人でもなく、人間や他の被造物でもない、まことの神にしてまことの人であるただ一人の仲保者が必要であること、さらにこの方こそが神の御子イエス・キリストであられることです。

②「これらすべてを信じる益」

こうして第五九問で、「それでは、これらすべてを信じることは、あなたにとって今どのような助けになりますか」と問います。この問いでは使徒信条を通して説き明かした「これらすべて」が、第一問で問うた「生きるにも死ぬにも」という人生の時の中での「今」において、「益」や「慰め」を問うてきたことに続いて「どのような助けになりますか」と問うのです。

この大きな問いに対する答えはこうです。「わたしが、キリストにあって神の御前で義とされ、永遠の命の相続人となる、ということです。」コリント人への手紙第二、五章二一節に次のように記されています。

「神は、罪を知らない方を私たちのために罪とされました。それは、私たちがこの方にあって神の義となるためです。」

すでに触れたように、教会は私たちが義と認められる消息を、法廷での被告人の姿をモチーフに語ってきました。私たちは罪ある者として神の法廷に立っており、私たちが受けるべきは自らの罪への報いとしての有罪判決と、その罰としての死と滅びのはずでした。ところが神はその裁きを私に下すことをなさらず、むしろ罪なき神の御子イエス・キリストに有罪を宣告し、その裁きを下されたのです。

その結果、私たちはこのキリストにあって、すなわちキリストの贖いを受け、キリストの獲得してくださった義が聖霊なる神によって私たちにもたらされ、贖い主キリストに結びつけられることによって、神の御前にあたかも罪なき者のように無罪の判決を言い渡されました。そしてこのとき、私たちは罪が赦されたばかりでなく神の子としての身分を与えられたので、永遠のいのちという祝福を相続する恵みにまであずかる者とされているのです。

③キリストのおかげで、信仰によって

では、この「神の御前における義」は、どのようにして私たちにもたらされるのでしょうか。第六〇問はこう答えます。「ただイエス・キリストを信じる、まことの信仰によってのみです。すなわち、たとえわたしの良心がわたしに向かって、『おまえは神の戒めすべてに対して、はなはだしく罪を犯しており、それを何一つ守ったこともなく、今なお絶えずあらゆる悪に傾いている』と責め立てたとしても、神は、わたしのいかなる功績にもよらずただ恵みによって、キリストの完全な償いと義と聖とをわたしに与え、わたしのものとし、あたかもわたしが何一つ罪を犯したことも罪人であったこともなく、キリストがわたしに代わって果たされた服従をすべてわたし自身が成し遂げたかのようにみなしてくださいます。そして、そうなるのはただ、わたしがこのような恩恵を信仰の心で受け入れる時だけなのです。」

ここで述べられていることを一言でまとめれば、要するに私たちが義と認められるのはすべてが御子イエス・キリストのおかげだということです。すべてはキリストが私たちに代わって、私たちのために成し遂げてくださったことなのです。

では、こうしてキリストが獲得してくださった義を、私たちはどのように受け取るのか。第六一問は言います。「わたしは、ただ信仰による以外に、それを受け取ることも自分の

ものにすることもできないからです。」

信仰とは、救いを受け取る手のようなものです。キリストが与えてくださる最も良きものを、切なる思いで、感謝をもって、喜びの中で受け取り、それを自分のものとするのです。「キリストのものとされる」とは、キリストを信仰によって「自分のものにする」ことと言ってもよいでしょう。

第二四主日　第六二問〜第六四問

二八　感謝の実を結ぶ

①救いと善き行い

まず、第六二問から第六四問を見ましょう。

問六二　しかしなぜ、わたしたちの善い行いは、神の御前で義またはその一部にすらなることができないのですか。

答　なぜなら、神の裁きに耐えうる義とは、あらゆる点で完全であり、神の律法に全く一致するものでなければなりませんが、この世におけるわたしたちの最善の行いですら、ことごとく不完全であり、罪に汚れているからです。

問六三　しかし、わたしたちの善い行いは、神がこの世と後の世でそれに報いてくださるというのに、それでも何の値打ちもないのですか。

答　その報酬は、功績によるのではなく、恵みによるのです。

問六四　この教えは、無分別で放縦《ほうじゅう》な人々を作るのではありませんか。

答　いいえ。なぜなら、まことの信仰によってキリストに接《つ》ぎ木された人々が、感謝の実を結ばないことなど、ありえないからです。

この第二四主日では、信仰者のなす「善きわざ」の問題が取り上げられます。信仰とわざの問題は、キリスト教会の歴史の中での一大テーマでした。さかのぼればアウグスティヌスとペラギウスの間での自然と恩恵をめぐる論争など、自らの救いに対して善きわざはどのような意味を帯びるのかをめぐって、さまざまな議論が戦わされてきたのです。

このことが宗教改革を引き起こした一つの契機でした。当時のローマ・カトリック教会の贖宥状販売をめぐって、一介の修道士であったルターが、罪の赦しの権威と救いに対する善きわざの効力について、当時の教会に対して聖書に基づいて論じ合いたいと討論を呼びかけたのが、あの九十五箇条の提題だったのです。

そのような背景のもとで、第六二問の「なぜ、わたしたちの善い行いは、神の御前で義またはその一部にすらなることができないのですか」と問います。ここは信仰義認論の一つの急所です。すなわち、人間の行いによる義が自らの救いのために用いられることはあるのか。全部とは言わず、一部であったとしても、自らの救いにおいて善きわざが担うものがあるのではないか、という問いです。

この問いに対する聖書の教えは明白です。パウロが、ローマ人への手紙三章一〇節で言うのです。「義人はいない。一人もいない。」また二〇節で「人はだれも、律法を行うことによっては神の前に義と認められないからです」と言われるとおりです。第六二問は、このローマ人への手紙の御言葉に沿って、こう答えます。「なぜなら、神の裁きに耐えうる義とは、あらゆる点で完全であり、神の律法に全く一致するものでなければなりませんが、この世におけるわたしたちの最善の行いですら、ことごとく不完全であり、罪に汚れているからです。」

たしかに人間がみな罪人であるからといって、四六時中罪を犯し続けているというわけではないかもしれません。ある程度の善行をすることもあるでしょう。しかしだからといって、それをもって私たちが自らを神の御前に義なる者とすることができるかといえば、決してそうではないのです。むしろ私たち人間の存在そのものが神の御前に罪ある者なのであって、その神の御前での根本的な位置が変えられることがなければ、決して私たちが義とされることはありません。まさしくそれは神の恵みによって与えられる立場であり、身分なのです。

ウォルタースという神学者は、人間の現実を「構造性」と「方向性」ということばで表現しました（『キリスト者の世界観——創造の回復』）。神のかたちに造られた人間は、罪に堕落したゆえに、神を喜び、神の栄光をあらわしながら、神に向かって生きるという人生の「的」を外してしまいました。神のかたちとして造られた人間の、神に向かい、神との交わり、契約の中に生きる「方向性」において決定的に失われた存在となってしまったのです。とはいえ、その「構造性」すなわち人間であることそのものは失ってはいません。このことの区別を十分にわきまえることは大切なことです。

ですから、第六三問でも次のように言われるのです。

問六三　しかし、わたしたちの善い行いは、神がこの世と後の世でそれに報いてくださるというのに、それでも何の値打ちもないのですか。

答　その報酬は功績によるのではなく、恵みによるのです。」

②キリストに接ぎ木された人

続く第六四問は、あえてこれまでの主張に反論をしてみせます。「この教えは、無分別で放縦な人々を作るのではありませんか。」このような反論は、「信仰のみ」「恵みのみ」を掲げるプロテスタント教会に向けられた、ローマ教会からの重要な問いを背景にしています。つまり、人間の救いに善い行いが不必要であるとすれば、たちまち人間は放縦な生活に走るのではないかとの問いかけです。

かつてのペラギウス主義も、当時のローマ・カトリック教会の主張も、ただ人間に対する楽観的な見方の産物であるわけではありません。むしろ人間の帯びる罪の深刻さ、その根深さ、その影響の広範さ、罪の現実性というものをとらえていたと言えるでしょう。その意味でも、信仰義認論が、私たちに自らの罪の認識を薄めさせ、神の赦しの恵みの上にあぐらをかき、「安価な恵み」のように受け取るように機能してしまってはならないでしょう。

パウロがローマ人への手紙六章一～八節で語った議論は、まさにこのことを扱っています。

「それでは、どのように言うべきでしょうか。恵みが増し加わるために、私たちは罪にとどまるべきでしょうか。決してそんなことはありません。罪に対して死んだ私たちが、どうしてなおも罪のうちに生きていられるでしょうか。それとも、あなたがたは知らないのですか。キリスト・イエスにつくバプテスマを受けた私たちはみな、その死にあずかるバプテスマを受けたのではありませんか。私たちは、キリストの死にあずかるバプテスマによって、キリストとともに葬られたのです。それは、ちょうどキリストが御父の栄光によって死者の中からよみがえられたように、私たちも、新しいいのちに歩むためです。私たちがキリストの死と同じようになって、キリストと一つになっているなら、キリストの復活とも同じようになるからです。私たちは知っています。私たちの古い人がキリストとともに十字架につけられたのは、罪のからだが滅ぼされて、私たちがもはや罪の奴隷でなくなるためです。死んだ者は、罪から解放されているのです。私たちがキリストとともに死んだのなら、キリストとともに生きることにもなる、と私たちは信じています。」

また一五～一八節でも次のようにも言われます。

「では、どうなのでしょう。私たちは律法の下にではなく、恵みの下にあるのだから、罪を犯そう、となるのでしょうか。決してそんなことはありません。あなたがたは知らないのですか。あなたがたが自分自身を奴隷として献げて服従すれば、その服従する相手の奴隷となるのです。つまり、罪の奴隷となって死に至り、あるいは従順の奴隷となって義に至ります。神に感謝します。あなたがたは、かつては罪の奴隷でしたが、伝えられた教えの規範に心から服従し、罪から解放されて、義の奴隷となりました。」

③感謝の実を結ぶ

これらローマ人への手紙のメッセージを要約して、第六四問は次のように言い表します。「いいえ。なぜなら、まことの信仰によってキリストに接ぎ木された人々が、感謝の実を結ばないことなど、ありえないからです。」

こうして第六四問は、救いの条件としての善きわざを否定する一方で、「まことの信仰」（第二一問）によって、「キリストに接ぎ木された人々」が「感謝の実を結ぶ」ことの意義を語ります。「キリストに接ぎ木された人々」とは、これまでのハイデルベルク信仰問答のことば遣いで言えば「キリストのものとされた」人々と言ってよいでしょう。この「キリストに接ぎ木された人々」がなす行いは、「感謝の実」と言われ、ここから、ハイデルベルク信仰問答の第三部、「感謝の生活」としての十戒と主の祈りの解説への導線が浮かび上がってくるのです。

しかも、ここで第六四問は「感謝の実を結ばないことなど、ありえない」とさえ言います。これは驚くべきことばです。私たちの実感としては、「感謝の実を結ばないことなど、ありえない」どころか、むしろ救われてなお、日ごとに罪を犯す現実があるのです。にもかかわらず、ここで私たちが「感謝の実を結ばないことなど、ありえない」とさえ言われるのは、私たちが今、聖霊によってキリストに接ぎ木されている現実、教理のことばで言えば「聖化」の現実の中に、すでに生かされているゆえなのです。

聖なる礼典について

第二五主日　第六五問～第六八問

二九　信仰はどこから

①信仰は聖霊により、御言葉の説教と聖礼典を通して

宗教改革の教会が生み出した信仰問答、カテキズムと呼ばれる文書は、十戒、使徒信条、主の祈りの説き明かしと、聖礼典の説き明かしからなっています。ハイデルベルク信仰問

答も、この第二五主日から、主イエス・キリストが救いの恵みを私たちに与えるために教会に託してくださった大切な恵みの手段である「聖礼典」の意味を説いていきます。

その最初の問いである第六五問では、行いによらず恵みにより、信仰によって義とされた私たちに、その信仰がどのようにどこから来るのか、と問われます。

問六五 ただ信仰のみが、わたしたちをキリストとそのすべての恵みにあずからせるのだとすれば、そのような信仰はどこから来るのですか。

答 聖霊が、わたしたちの心に聖なる福音の説教を通してそれを起こし、聖礼典の執行を通してそれを確かにしてくださるのです。

ここには大切なことが二つ述べられています。第一に、信仰とは、聖霊が私たちの心に起こしてくださるものだということです。パウロは、エペソ人への手紙二章八節でこう言いました。

「この恵みのゆえに、あなたがたは信仰によって救われたのです。それはあなたがたから出たことではなく、神の賜物です。」

第二に、この聖霊の働きは「聖なる福音の説教」を通して現実に働くということです。

聖霊は、御言葉の説教を通して私たちのうちに信仰を起こし、聖礼典の執行を通してその信仰を確かにしてくださるのです。

ここで、聖霊は福音の説教を通して信仰を起こされる、との指摘はきわめて重要です。ローマ人への手紙一〇章一七節に「信仰は聞くことから始まります。聞くことは、キリストについてのことばを通して実現するのです」とあります。「キリストについてのことば」と新改訳聖書は訳していますが、欄外にあるように、むしろここは直訳的に「キリストのことば」と言っておきたいところです。キリストのことばが語られ、聞かれるところに信仰が始まる。これは私たちの信仰の営みの大事なところです。また、ルターが翻訳したドイツ語訳聖書では、「信仰は聞くことから」を「信仰は説教から」と訳したと言われます。

またここで単に「聖書」「御言葉」と言わず、「福音の説教」というところに、説教されてこその聖書、そして、福音の説教が語られる場としての教会、というものの決定的な位置が示されているのです。

②しるしと封印としての聖礼典

第六五問で聖礼典を「信仰を確かにしてくださる」ものと示したのを受けて、第六六問では、さらにそれが「目に見える聖なるしるしまた封印」であると説明されます。

問六六 礼典とは何ですか。

答 それは、神によって制定された、目に見える聖なるしるしまた封印であって、神は、その執行を通して、福音の約束をよりよくわたしたちに理解させ、封印なさるのです。その約束とは、十字架上で成就されたキリストの唯一の犠牲のゆえに、神が、恵みによって、罪の赦しと永遠の命とをわたしたちに注いでくださる、ということです。

ここで「しるし」「封印」と言われることばは、英語でそれぞれ「サイン」と「シール」と訳されることばで、聖礼典の意義をよく表しています。そこでは私たちがすでに受けている福音の約束の中身が保証されているのです。すなわち、「十字架上で成就されたキリストの唯一の犠牲のゆえに、神が、恵みによって、罪の赦しと永遠の命とをわたしたちに注いでくださる」という約束が、たしかに私たちに受け取られていることの「受け取りサイン」であり、またそのような約束が与えられていることをもって、それが二度と破られることのないように、内容を保証する封印が押されているのです。

ここには、私たちが救いの確かさをどこに求めるべきかという問いに対して、その答えを求める道筋が教えられています。私たちは救われてなお、時に信仰の迷いや救いへの疑いが生じることがあります。

しかし、そのようなときに、私たちは自分の救いの確かさを自分自身の心の在り方や信仰の熱心に求めるのではなく、神がイエス・キリストを通して与えてくださった信仰を確証させてくださる聖霊と、その聖霊が示しておられる御言葉の説教に聞き、聖礼典にあずかるという仕方でこれを確かなものとすることができるのです。

③御言葉と聖礼典が指し示すキリスト

さらに第六七問、六八問を読みましょう。

問六七　それでは、御言葉と礼典というこれら二つのことは、わたしたちの救いの唯一の土台である十字架上のイエス・キリストの犠牲へと、わたしたちの信仰を向けるためにあるのですか。

答　そのとおりです。なぜなら、聖霊が福音において教え聖礼典を通して確証しておられることは、わたしたちのために十字架上でなされたキリストの唯一の犠牲に、わたしたちの救い全体がかかっている、ということだからです。

問六八　新約において、キリストはいくつの礼典を制定なさいましたか。

答　二つです。聖なる洗礼と聖晩餐です。

私たちのうちに信仰を起こす御言葉の説教と、福音の約束のしるし、また封印としての聖礼典は、生けるキリストを指し示すものです。私たちは自らの救いの確かさの土台を、自分たちのわざに置くことをしません。私のうちにある信仰はどこから来るのか。私の救いの確かさはどこにあるのか。私たちはこれを自らの内側に探すのでなく、また外側のさまざまな儀式に求めるのでもありません。「わたしたちの救いの唯一の土台である十字架上のイエス・キリストの犠牲へと、わたしたちの信仰を向けるため」に与えられた、主イエス・キリストの生ける御言葉の説教と、救いを私たちにしるしづけてくださる洗礼の恵み、そして、その恵みをくり返し確かにしてくださる主の晩餐の恵みに置くのです。

聖なる洗礼について

第二六主日　第六九問～第七一問

三〇　キリストによって洗われる

①「思い起こし、確信させる」恵みの手段

主イエス・キリストを救い主と信じ受け入れた者は、そのしるしとして洗礼を受け、神の子どもとされて主の教会に迎えられます。それは単なる儀式ではなく、まことにキリストが聖霊によって私たちをご自身に結びつけ、その御体である教会に結びつけてくださる恵みの御業そのものです。ハイデルベルク信仰問答の第二六主日は、この洗礼の恵みについて教えています。

第六九問を読みましょう。

問六九　あなたは聖なる洗礼において、十字架上でのキリストの唯一の犠牲があなた

の益になることを、どのように思い起こしまた確信させられるのですか。

次のようにです。キリストがこの外的な水の洗いを制定された時約束なさったことは、わたしがわたしの魂の汚れ、すなわち、わたしのすべての罪を、この方の血と霊とによって確実に洗っていただける、ということ。そして、それは日頃体の汚れを落としているその水で、わたしが外的に洗われるのと同じくらい確実である、ということです。

答

ここで注目したいのは、いつものように問いのかたちです。「あなたは聖なる洗礼において、十字架上でのキリストの唯一の犠牲があなたの益になることを、どのように思い起こしまた確信させられるのですか。」ここにもまた「あなたの益」を問うこの信仰問答の特徴的な問いかけがくり返されます。洗礼には、キリストの十字架の贖いが「私の益」であることを思い起こさせ、確信させるという意義があるのであり、ここでの「益」とは「救い」と言い替えてもよいことばです。

主イエス・キリストの十字架が私の救いである。このことが洗礼を通して思い起こされ、確信されるのです。つまり、一回的で決定的なキリストの御業はもはやくり返されることがないし、また洗礼という儀式そのものに救いの力があるのでもない。そうではなく、それはすでになされた贖いの御業が私にもたらす救いの恵み、益を思い起こさせ、確信させるものだと言うのです。

②水による洗いの意義

二千年も前の、あのゴルゴタの丘の上での主イエスの十字架が、この私の救いのためであると信じ、「イエスは主です」と告白することができるのはなぜか。それを聖霊のお働きによると聖書は語ります。コリント人への手紙第一、一二章三節に「聖霊によるのでなければ、だれも『イエスは主です』と言うことはできません」と言われるとおりです。

この見えない聖霊の働きを、目に見える確かな仕方で保証するのが洗礼の礼典です。ですから、続く答えでは「外的な水の洗い」という表現が出てきますが、これは主イエス・キリストの贖いと聖霊によって罪が洗いきよめられることと、水による洗礼とが対応関係にあることを意味することばです。洗礼という儀式そのものは水に浸す、あるいは水によって洗うという行為を中心に組み立てられていますが、それによって表されているのは、主イエス・キリストによる罪の赦しの確かさ、罪の洗い清めの完全さにあるのです。

旧約聖書のエゼキエル書三六章二五〜二七節にこう記されます。

「わたしがきよい水をあなたがたの上に振りかけるそのとき、あなたがたはすべての汚れからきよくなる。わたしはすべての偶像の汚れからあなたがたをきよめ、あなたがたに新しい心を与え、あなたがたのうちに新しい霊を与える。わたしはあなたがたのからだから石の心を取り除き、あなたがたに肉の心を与える。わたしの霊をあなたがたのうちに授けて、わたしの掟に従って歩み、わたしの定めを守り行うようにする。」

このエゼキエルの語ったことばは、新約の時代、主イエス・キリストの制定と、聖霊の御業によって洗礼の礼典として教会に担わされ、今日に至っていると言えるでしょう。自分自身ではどのようにしても拭い落とすことのできない罪の性質。それは私たちの本性に染み着いたものでありました。それは私たちのいかなる努力や善行によっても取り去ることができず、むしろその汚れは日々に増し加わり、腐敗は進んでいたのです。

しかし、父なる神はそのような罪の中にある私たちのために御子イエス・キリストを賜り、御子の贖いによってその罪を赦し、聖霊なる神によって水の洗いの洗礼を通して、その赦しの確かさを保証してくださいました。そこにおいてはもはや過去の罪も、現在の罪も、未来の罪もすべて問われることがない。水によってからだの汚れを落とすのと同じくらいの、いやそれ以上に確かな恵みによって、罪の全き赦しが与えられているのです。

③罪の赦しと聖化の恵み

しかも、洗礼の恵みは罪の赦しを与えるだけにとどまりません。第七〇問を読みましょう。

問七〇　キリストの血と霊とによって洗われるとは、どういうことですか。

答　それは、十字架上での犠牲においてわたしたちのために流されたキリストの血のゆえに、恵みによって、神から罪の赦しを得る、ということです。さらに、聖霊によって新しくされ、キリストの一部分として聖別される、ということでもあります。それは、わたしたちが次第次第に罪に死に、いっそう敬虔で潔白な生涯を歩むためなのです。

ここには私たちの罪が赦されるだけでなく、「聖霊によって新しくされ、キリストの一部分として聖別される、ということ」、すなわち罪赦された者としての聖化の歩みが示されています。

私たちが洗礼を受けるのは、そのような聖化の生活のスタートを切るためと言ってよいでしょう。義認が一回的なことであるとすれば、聖化は継続的なことです。私たちはキリストを信じるときに、すでにキリストの贖いのゆえに義と認められ、罪は完全に赦されているのですが、現実の状態としては今なお私たちは罪との深刻な戦いの中に日々置かれています。そのような私たちは水の洗いである洗礼を通し、聖霊によって新しくされ、「次第次第に罪に死に、いっそう敬虔で潔白な生涯を歩むため」にキリストの一部分として聖別されるのです。

キリストによって着せていただいた義の衣にふさわしく聖化の道を歩み、そうして私たちは「次第次第に罪に死に、いっそう敬虔で潔白な生涯を歩む」者へと変えられていく。そのスタートが洗礼の恵みなのです。

④洗礼の約束の根拠

続く第七一問では、洗礼の制定の根拠となる聖書が示されます。それはイエス・キリストがマタイの福音書二八章一九、二〇節で命じられた大宣教命令の箇所でした。

問七一　わたしたちが洗礼の水によるのと同じく、この方の血と霊とによって確実に洗っていただけるということを、キリストはどこで約束なさいましたか。

答　洗礼の制定の箇所に、次のように記されています。「あなたがたは行って、すべての民をわたしの弟子にしなさい。彼らに父と子と聖霊の名によって洗礼を授けなさい」、(「信じて洗礼を受ける者は救われるが、信じない者は滅びの宣告を受ける」。)この約束は、聖書が洗礼を「新たに造りかえる洗い」とか「罪の洗い清め」と呼んでいる箇所でも繰り返されています。

そもそも聖礼典とは、主イエス・キリストの制定によるものですが、初代教会以来、教会はこの主の宣教の命令に従って洗礼を施してきました。また洗礼の恵みを表すほかの箇所として、「神は、私たちが行った義のわざによってではなく、ご自分のあわれみによって、聖霊による再生と刷新の洗いをもって、私たちを救ってくださいました」(テトス三・五)、「さあ、何をためらっているのですか。立ちなさい。その方の名を呼んでバプテスマを受け、自分の罪を洗い流しなさい」(使徒二二・一六)等も御言葉も挙げられています。

第二七主日　第七二問～第七四問

三一　罪が洗い清められる

①罪の清めの洗礼

続く第七二問と第七三問で、さらに洗礼の恵みが説き明かされます。

問七二　それでは、外的な水の洗いは、罪の洗い清めそのものなのですか。

答　いいえ。ただイエス・キリストの血と聖霊のみが、わたしたちをすべての罪から清めてくださるのです。

問七三　それではなぜ、聖霊は洗礼を「新たに造りかえる洗い」とか「罪の洗い清め」と呼んでおられるのですか。

答　神は何の理由もなくそう語っておられるのではありません。すなわち、ちょうど体の汚れが水によって除き去られるように、わたしたちの罪がキリストの血と霊とによって除き去られるということを、この方はわたしたちに教えようとしておられるのです。それればかりか、わたしたちが現実の水で洗われるように、わたしたちの罪から霊的に洗われることもまた現実であるということを、神はこの神聖な保証としるしとを通して、わたしたちに確信させようとしておられるのです。

ここでは、「外的な水の洗い」である洗礼が持つ意味が説かれます。すでに学んだように、洗礼も主の晩餐も、そこで用いられる水やパン、ぶどう酒は、目に見えない事柄の目に見えるしるしであり、天的な事柄の確かさを地上の事柄によってしるしています。ですから洗礼という儀式に、あるいはそこで用いられる水に、あるいはその執行者に特別な意味が込められるというのではありません。

私たちは目に見える儀式、所作、物質的なものに、ある特別な力が帯びることを想像しがちであり、それによって事柄がやがて本筋から離れてひとり歩きを始め、儀式の神秘化や神格化が起こってくるのです。しかし第七二問は「水の洗い」そのもの、ではなく、その礼典が示す聖霊の御業に私たちの目を向けさせます。水の洗いである洗礼は、主イエス・キリストご自身による私たちの罪の完全な洗い清めを表しているのです。ヨハネの手紙第一、一章七節が次のように語るとおりです。

「もし私たちが、神が光の中におられるように、光の中を歩んでいるなら、互いに交わりを持ち、御子イエスの血がすべての罪から私たちをきよめてくださいます。」

②ちょうど〜のように

まさに洗礼の確かさは、この御子イエス・キリストの一回きりの完全な十字架による贖いと罪の洗いの確かさによっています。そして、御子イエス・キリストによる罪の洗いという天的な事柄が、水による洗いという地上的な事柄によって担われているのです。ここに洗礼の一回性の根拠があり、再洗礼が不要であることの根拠があります。

天的な事柄を地上的な事柄によって明らかにするにあたり、ハイデルベルク信仰問答が用いるのが、「ちょうど〜のように、〜である」という表現です。この表現に注意しながらもう一度、第七三問を見ると「ちょうど体の汚れが水によって除き去られるように、わたしたちの罪がキリストの血と霊とによって除き去られる」「わたしたちが現実の水で洗われるように、わたしたちの罪から霊的に洗われることもまた現実である」という言い方が目に留まります。ここでは身体的なことと霊的なこととが比較されているのですが、それは本来ならばとうてい比べることなどできないような事柄です。

にもかかわらず、ここで「ちょうど〜のように」と言われるのは、無限、永遠、不変なる神が、ご自身の持っておられる真理を、有限な私たち人間に知らしめ、理解させ、受け取らせ、確信することができるようにしてくださった、神のへりくだりの態度を示しています。それは神の私たちに対するいつくしみに満ちた愛の心くばりなのです。

③幼児の洗礼について

続く第七四問では幼児洗礼について説かれます。

問七四　幼児にも洗礼を授けるべきですか。

答　そうです。なぜなら、彼らも大人と同様に神の契約とその民に属しており、キリストの血による罪の贖いと信仰を生み出される聖霊とが、大人に劣らず彼らにも確約されているからです。それゆえ、彼らもまた、契約のしるしとしての洗礼を通してキリスト教会に接ぎ木され、未信者の子供たちとは区別されるべきです。そのことは、旧約においては割礼を通してなされましたが、新約では洗礼がそれに代わって制定されているのです。

生まれて間もない幼児に洗礼を授けるという習慣は、古くから教会の中で行われてきたもので、一種の社会的な通過儀礼のような意味を持っていました。しかし、宗教改革の教会はあらためて御言葉に聞くことで、これを神の契約に基づく共同体としての教会の基礎に据えたのでした。その一方で、この時代、幼児洗礼を認めない人々が出始めました。「再洗礼派《アナバプテスト》」あるいは「宗教改革急進派」と呼ばれる人々です。この人々は、洗礼とはあくまでも個人の信仰の確信に基づく神との契約行為であって、自覚的信仰に至っていない幼児に洗礼を施すことは非聖書的であるとして反対したのです。

第七四問は、この再洗礼派の人々の批判を念頭に記されていますが、その主張はいたって平穏で聖書的なものです。幼児洗礼の意義は信者の子どもの救いを神の契約に基礎づけるとともに、信仰を生み出す聖霊は、大人にも子どもにも同じように働くとしています。

神の救いの契約は、旧約におけるアブラハム契約から一貫して、神とご自身の民との間に結ばれたものでした。神がアブラハムを召し出されたのは彼個人ではなく、彼を基とする全イスラエルであったのです。ですからそこには当然、子どもたちも含まれていましたし、彼らはイスラエル共同体の中に生まれたことをもってもはや神の民でした。

新約の時代において、さらに重要な意味を持つのは聖霊への信仰です。信仰は聖霊が起こしてくださる恵みの賜物であると信じるなら、生まれて間もない乳飲み子であったとしても、神の恵みの契約によって信仰の共同体の中に生まれた子どもが聖霊の恵みの中で洗礼を受け、教会の肢に加えられることはふさわしいことと言えるでしょう。もちろんその場合は、旧約のイスラエルと同様に、教会と家庭は共に信仰の告白に至らせるための信仰教育を熱心に行わなければならないのは言うまでもないことです。

洗礼の恵みが、主イエス・キリストの十字架による完全な罪の洗い清めを表すこと、その恵みは信仰者の子どもたち、神の恵みの契約の子どもたちにも与えられていることを覚えておきたいと思います。

イエス・キリストの聖晩餐について

第二八主日　第七五問～第七七問

三二　主の食卓の恵み

①思い起こし、確信する食事

洗礼に続いて、第二八主日では聖晩餐の礼典が取り扱われます。まず第七五問を、先の洗礼の意味を教えた第六九問と比較しながら読んでみましょう。

問七五　あなたは聖晩餐において、十字架上でのキリストの唯一の犠牲とそのすべての益にあずかっていることを、どのように思い起こしまた確信させられるのですか。

答　次のようにです。キリストは御自身を記念するため、この裂かれたパンから食べこの杯《さかずき》から飲むようにと、わたしとすべての信徒にお命じになりましたが、その時こう約束なさいました。第一に、この方の体が確かにわたしのために十字架上でささげられ、また引き裂かれ、その血がわたしのために流された、ということ。それは、主のパンがわたしのために裂かれ、杯がわたしのために分け与えられるのを、わたしが目の当たりにしているのと同様に確実である、ということ。第二に、この方御自身が、その十字架につけられた体と流された血とをもって、確かに永遠の命へとわたしの魂を養いまた潤してくださる、ということ。それは、キリストの体と血との確かなしるしとしてわたしに与えられた、主のパンと杯とをわたしが奉仕者の手から受けまた実際に食べるのと同様に確実である、ということです。

これに対し、第六九問は次のとおりです。

問六九　あなたは聖なる洗礼において、十字架上でのキリストの唯一の犠牲があなたの益となることを、どのように思い起こしまた確信させられるのですか。

答　次のようにです。キリストがこの外的な水の洗いを制定された時約束なさったことは、わたしがわたしの魂の汚れ、すなわち、わたしのすべての罪を、この方の血と霊とによって確実に洗っていただける、ということ。そして、それは日頃体の汚れを落としているその水で、わたしが外的に洗われるのと同じくらい確実である、ということです。

ここには、洗礼と聖晩餐の相違点と共通点とがよく現れています。まず相違点としては、洗礼が「十字架上でのキリストの唯一の犠牲があなたの益となること」として、最初的で一回的な経験であるのに対し、聖晩餐が「十字架上でのキリストの唯一の犠牲とそのすべての益にあずかっていること」として、すでにそれにあずかっている継続的な経験であるということです。

共通点としては、いずれの礼典も「十字架上でのキリストの唯一の犠牲」のもたらす益を「思い起こし、確信させる」ものであるということ、この「思い起こし、確信させる」という行為が御言葉の約束に基づいているということです。

② 聖晩餐の約束——罪の赦し

そこで第七五問では、「キリストは御自身を記念するため、この裂かれたパンから食べこの杯から飲むようにと、わたしとすべての信徒にお命じになりましたが、その時こう約束なさいました」と述べられていますが、その約束とは何でしょうか。

それは「罪の赦し」ということです。「第一に、この方の体が確かにわたしのために十字架上でささげられ、また引き裂かれ、その血がわたしのために流された、ということ。それは、主のパンがわたしのために裂かれ、杯がわたしのために分け与えられるのを、わたしが目の当たりにしているのと同様に確実である、ということ」と言われます。

ここでは、聖晩餐においてパンとぶどう酒を口にするときに、私たちのその食するという体験、パンを嚙み、ぶどう酒を飲み込むという感覚が確かなのと「同様」の確実さで、そこに表される主イエス・キリストの十字架の死が、まことに私の罪の赦しのためであったという事実を、確かな仕方で表しています。先の第七三問の「ちょうど〜のように」がここでも同じように機能しています。

こうして聖晩餐は、それにあずかるたびごとに、私たちが自らの罪の赦しを疑いない仕方で確認することができるようにと与えられている恵みの礼典なのです。

③聖晩餐の約束――永遠のいのちの獲得

聖晩餐が約束する第二のことは、「永遠のいのちの獲得」ということです。「第二に、この方御自身が、その十字架につけられた体と流された血とをもって、確かに永遠の命へとわたしの魂を養いまた潤してくださる、ということ。それは、キリストの体と血との確かなしるしとしてわたしに与えられた、主のパンと杯とをわたしが奉仕者の手から受けまた実際に食べるのと同様に確実である、ということです。」

主イエス・キリストは、ヨハネの福音書六章三二～四〇節で次のように語られました。

「それで、イエスは彼らに言われた。『まことに、まことに、あなたがたに言います。モーセがあなたがたに天からのパンを与えたのではありません。わたしの父が、あなたがたに天からのまことのパンを与えてくださるのです。神のパンは、天から下って来て、世にいのちを与えるものなのです。』そこで、彼らはイエスに言った。『主よ、そのパンをいつも私たちにお与えください。』イエスは言われた。『わたしがいのちのパンです。わたしのもとに来る者は決して飢えることがなく、わたしを信じる者はどんなときにも、決して渇くことがありません。しかし、あなたがたに言ったように、あなたがたはわたしを見たのに信じません。父がわたしに与えてくださる者はみな、わたしのもとに来ます。そして、わたしのもとに来る者を、わたしは決して外に追い出したりはしません。わたしが天から下って来たのは、自分の思いを行うためではなく、わたしを遣わされた方のみこころを行うためです。わたしを遣わされた方のみこころは、わたしに与えてくださったすべての者を、わたしが一人も失うことなく、終わりの日によみがえらせることです。わたしの父のみこころは、子を見て信じる者がみな永遠のいのちを持ち、わたしがその人を終わりの日によみがえらせることなのです。』」

このように、主イエスはかつて荒野でイスラエルが天からのマナによって養われいのちを保たれたように、ご自身が永遠のいのちを与えるパンであると語られました。聖晩餐は、主イエス・キリストが私たちに永遠のいのちの祝福を勝ち取ってくださったことの確実な約束として、私たちに与えられるいのちの養いなのです。

三三　キリストと結び合う食事

①キリストとの結合の恵み

続いて第七六問を読みましょう。

問七六　十字架につけられたキリストの体を食べ、その流された血を飲むとはどういうことですか。

答　それは、キリストのすべての苦難と死とを、信仰の心をもって受け入れ、それによって罪の赦しと永遠の命とをいただく、ということ。それ以上にまた、キリストのうちにもわたしたちのうちにも住んでおられる聖霊によって、その祝福された御体といよいよ一つにされてゆく、ということです。それは、この方が天におられわたしたちは地にいるにもかかわらず、わたしたちがこの方の肉の肉、骨の骨となり、ちょうどわたしたちの体の諸部分が一つの魂によってそうされているように、わたしたちが一つの御霊によって永遠に生かされまた支配されるためなのです。

ここで第七六問は、前の第七五問が述べた聖晩餐の意義を「キリストのすべての苦難と死とを、信仰の心をもって受け入れ、それによって罪の赦しと永遠の命とをいただく」と端的に要約します。その上で「それ以上にまた、キリストのうちにもわたしたちのうちにも住んでおられる聖霊によって、その祝福された御体といよいよ一つにされてゆく」と説くのです。これは私たちの救いにおける「義認」と「聖化」を表現していると言えるでしょう。

また第七六問が聖晩餐の意義を、「祝福された御体といよいよ一つにされてゆく」と言っていることに注意したいと思います。そこでは天におられるキリストと地上にある私たちが、その隔たりを超えて、聖霊によって一つにされていることが示されています。

ここで、キリストの昇天を説いた第四九問を思い起こしましょう。そこでは、キリストの昇天の益が「頭であるキリストがこの方の一部であるわたしたちを御自身のもとにまで引き上げてくださる一つの確かな保証である」とされ、さらに「この方がその保証のしるしとして御自分の霊をわたしたちに送ってくださる、ということ」と説明されていました。

この天に上げられたキリストと地上にある私たちとが、聖霊によって一つにされていくことを、教理のことばで「キリストとの結合」(unio cum Christo)、あるいは「キリストとの神秘的結合」(unio mystica cum Christo) と呼びます。

これは私たちの義認と聖化、そして終末における完成としての栄化を考える上で非常に重要なことです。私たちの信仰の歩みは、天にあるキリストとますます一つに、いよいよ一つにされていく歩みなのであり、くり返し聖晩餐にあずかることによって、昇天のキリストご自身に結び合わされ、いよいよ一つにされてゆくことだと教えられるのです。

主イエスはヨハネの福音書六章五六、五七節においてこう言われました。

「わたしの肉を食べ、わたしの血を飲む者は、わたしのうちにとどまり、わたしもその人のうちにとどまります。生ける父がわたしを遣わし、わたしが父によって生きているように、わたしを食べる者も、わたしによって生きるのです。」

まことにキリストの肉と血にあずかる聖晩餐は、私たちがこの主イエスのいのちによって生きるためのいのちの営みなのです。

②内に住まれる聖霊

次に、このキリストとの結合が「キリストのうちにもわたしたちのうちにも住んでおられる聖霊よって」なされる働きであることにも注意したいと思います。

私たちが聖晩餐にあずかるとき、聖霊によって天におられる生けるキリストと一つにされてゆくのは、私個人としてではなく、私たちキリストのからだなる教会という一つのからだにおいて起こることです。第七六問が次のように語るとおりです。「それは、この方が天におられわたしたちは地にいるにもかかわらず、わたしたちがこの方の肉の肉、骨の骨となり、ちょうどわたしたちの体の諸部分が一つの魂によってそうされているように、わたしたちが一つの御霊によって永遠に生かされまた支配されるためなのです。」

豊かな多様性をもつキリストのからだなる教会が、聖霊に生かされ、支配されつつ、かしらなるキリストに向かってますます、いよいよ一つにされていく。花婿なるキリストと、花嫁なる教会が、あの創世記の人間創造におけるアダムとエバのように、「わたしたちがこの方の肉の肉、骨の骨」となっていくのです。

私たちをかしらなるキリストへと結びつけ、そのいのちにあずからせ、そのいのちに生かすお方こそが、聖晩餐においても働かれる聖霊なる神です。ヨハネの福音書一四章一六～一九節で、主イエスは言われました。

「そしてわたしが父にお願いすると、父はもう一人の助け主をお与えくださり、その助け主がいつまでも、あなたがたとともにいるようにしてくださいます。……この方はあなたがたとともにおられ、また、あなたがたのうちにおられるようになるのです。……あなたがたはわたしを見ます。わたしが生き、あなたがたも生きることになるからです。」

私たちと共に住み、私たちのうちにおられる聖霊のお働きの中で、私たちはキリストとますます固く結び合わされ、いよいよ一つにされていきながら、キリストのいのちにあずかって生きる者となっていくのです。

③御言葉による約束

こうして明らかにされた聖晩餐の意義が、主イエス・キリストご自身の御言葉による制定に基づいていると説くのが、続く第七七問です。

問七七　信徒がこの裂かれたパンを食べ、この杯から飲むのと同様に確実に、御自分の体と血とをもって彼らを養いまた潤してくださると、キリストはどこで約束なさいましたか。

答　聖晩餐の制定の箇所に、次のように記されています。わたしたちの「主イエスは、引き渡される夜、パンを取り、感謝の祈りをささげてそれを裂き、『(取って食べなさい。) これは、あなたがたのためのわたしの体である。わたしの記念としてこのように行いなさい』と言われました。また、食事の後で、杯をも同じようにして、『この杯は、わたしの血によって立てられる新しい契約である。飲む度に、わたしの記念としてこのように行いなさい』と言われました。だから、あなたがたは、このパンを食べこの杯を飲むごとに、主が来られるときまで、主の死を告げ知らせるのです」。この約束はまた聖パウロによって繰り返されており、そこで彼はこう述べています。「わたしたちが神を賛美する賛美の杯は、キリストの血にあずかることではないか。わたしたちが裂くパンは、キリストの体にあずかることではないか。パンは一つだから、わたしたち大勢でも一つの体です。皆が一つのパンを分けて食べるからです。」

新約聖書で最も古い聖晩餐の記録は、コリント人への手紙第一、一一章二三～二六節ですが、第七七問はそれとともに、コリント人への手紙第一、一〇章一六、一七節も引用して、キリストの約束の御言葉としています。主イエス・キリストが定められた聖晩餐は、単にパンとぶどう酒を食するという飲み食いの儀式にとどまるものではありません。むしろそこで起こっているのは、聖霊によって生けるキリストと一つに結び合わされるといういのちの交わりです。この意義をくり返し覚えて、この身にキリストのいのちを刻む者でありたいと願うのです。

この意義をジュネーヴ教会信仰問答の第三五三問によって確認しておきましょう。

問　私たちは聖晩餐のうちに、恵みのしるしを持つだけですか。それとも、事柄そのものが私たちのうちに明示されるのですか。

答　私たちの主キリストは真理そのものであられますから、私たちに与えたもうた約束が同時に成就するとともに、象徴には実体を伴わせたもうということを、決して疑ってはなりません。ですから、御言葉としるしとによって証しされている通り、私たちが彼の本質にあずかる者とされ、こうして彼と一つなる命に合わせられることを私は疑いません。

第二九主日　第七八問〜第七九問

三四　キリストとひとつになる

①聖晩餐におけるキリストの現臨

問七八　それでは、パンとブドウ酒がキリストの体と血そのものになるのですか。

答　いいえ。洗礼の水は、キリストの血に変わるのでも罪の洗い清めそのものになるのでもなく、ただその神聖なしるしまた保証にすぎません。そのように、晩餐の聖なるパンもまたキリストの体そのものになるわけではなく、ただ礼典の性格と方法に従ってキリストの体と呼ばれているのです。

ここで問題となっているのは、主の晩餐におけるパンとぶどう酒がキリストのからだと血と呼ばれるのはいったいどのようなことなのか。そこで現実にパンとぶどう酒が変化するのか、という問いです。

このような議論がなされる背景には、主の晩餐におけるキリストの臨在の様式をめぐってカトリック、プロテスタント、その内部を巻き込む大きな問題が横たわっていました。当時のローマ・カトリック教会においては、パンとぶどう酒が実体的にキリストのからだと血に変化し、キリストは実質的にパンとぶどう酒という物素の中に存在するといういわゆる「化体説」が主張されました。

これに対して、プロテスタント教会においては大きく三つの立場がありました。第一はルターの立場です。ルターは主イエスが最後の晩餐の席で「これはわたしの体である」と言われた御言葉をそのまま受け取り、パンとぶどう酒が実体的に変化することはないにしても、それらの物素と「共に」、物素の「中に」、物素の「下に」キリストが現臨されるというぃわゆる「共在説」を主張しました。

このようなルターの立場をカトリックに限りなく近いものとして批判したのが、第二の立場、チューリヒの改革者ツウィングリの立場です。ツウィングリは「これはわたしの体である」の「である」を「意味する、象徴する」と理解して、あくまでも聖餐におけるパンとぶどう酒はキリストのからだと血の象徴にすぎず、主の晩餐はキリストの贖いの記念、想起であるとしたのです。

これに対して、第三の立場を取ったのがカルヴァンでした。カルヴァンはツウィングリの象徴説を批判し、ルターのように主の晩餐におけるキリストの現臨を主張しました。しかし、それをルターのようにパンとぶどう酒という実体と結びつけることはしませんでした。そこでカルヴァンが主張したのは、地上におけるパンとぶどう酒を通して天におけるキリストの臨在にあずからせるのは聖霊なる神の働きであるということでした。私たちが信仰を持ってこれを食するときに、聖霊なる神の働きによって私たちはキリストのからだと血にあずかり、キリストとひとつにされるのだと教えたのです。

②キリストの臨在のリアリティー

以上のような議論を踏まえて第七八問を読むと、そこではまず、カトリックの化体説が明確に否定されていることがわかります。そして続く第七九問において、私たちがパンとぶどう酒を食することがキリストのからだと血にあずかることになることの意味が明らかにされるのです。

問七九 それではなぜ、キリストは、パンを御自分の体、杯を御自分の血またその血による新しい契約とお呼びになり、聖パウロは、イエス・キリストの体と血にあずかる、と言うのですか。

答 キリストは何の理由もなくそう語っておられるのではありません。すなわち、ちょうどパンとブドウ酒がわたしたちのこの世の命を支えるように、十字架につけられたその体と流された血とが、永遠の命のために、わたしたちの魂のまことの食べ物また飲み物になるということを、この方はわたしたちに教えようとしておられるのです。そればかりか、わたしたちが、これらの聖なるしるしをこの方の記念として肉の口をもって受けるのと同様に現実に、聖霊のお働きによって、そのまことの体と血とにあずかっているということ。

そして、あたかもわたしたちが自分自身ですべてを苦しみまた十分成し遂げたかのように、この方のあらゆる苦難と従順とが確かにわたしたち自身のものとされているということを、この方は目に見えるしるしと保証を通して、わたしたちに確信させようとしておられるのです。

このように主の晩餐の勘所は聖霊のお働きであり、信仰であることがよくわかります。私たちがパンとぶどう酒を、信仰をもって食するとき、そこで聖霊は私たちを贖い主イエス・キリストとひとつに結び合わせ、その結びつきをいよいよ堅く確かなものとしてくださる。これは信仰なくしては決して起こり得ない出来事です。さらに聖霊が私たちを主の晩餐を通してキリストに結びつけるというとき、そこで起こっているのは「あたかもわたしたちが自分自身ですべてを苦しみまた十分成し遂げたかのように、この方のあらゆる苦難と従順とが確かにわたしたち自身のものとされているということ」でもありました。

御子イエス・キリストの地上の全生涯を通しての苦しみ、十字架による死、葬り、陰府下り、そして復活、召天、着座に至るすべての歩み、すなわち御子の苦難から栄光へと進まれたその従順のご生涯の全体に私たちも結びつけられ、このキリストとひとつにされるのであって、私たちがあずかるのはキリストにある救いと栄光だけではなく、苦難と従順でもあることを心に刻み、ますます主イエス・キリストに従う私たちとさせていただきましょう。

第三〇主日　第八〇問〜第八二問

三五　赦しの食卓

①一度きりの完全ないけにえ

「イエスは、ほかの大祭司たちのように、まず自分の罪のために、次に民の罪のために、毎日いけにえを献げる必要はありません。イエスは自分自身を献げ、ただ一度でそのことを成し遂げられたからです。」

このヘブル人への手紙七章二七節は、御子イエス・キリストが私たちの大祭司として罪の贖いを成し遂げてくださったお方であるばかりでなく、自らが完全な贖いのいけにえとなってくださったことを教えています。

第八〇問はローマ教会のミサ聖祭の誤りを、この「一度切りの完全ないけにえ」という視点から問うています。

問八〇　主の晩餐と教皇のミサとの違いは何ですか。

答　主の晩餐がわたしたちに証しすることは、イエス・キリスト御自身がただ一度十字架上で成就してくださったその唯一の犠牲によって、わたしたちが自分のすべての罪の完全な赦しをいただいているということ。〔また、わたしたちが聖霊によってキリストに接ぎ木されている、ということです。この方は、今そのまことの体と共に天の御父の右におられ、そこで礼拝されることを望んでおられます。〕しかし、ミサが教えることは、今も日ごとに司祭たちによってキリストが彼らのために献げられなければ、生きている者も死んだ者もキリストの苦難による罪の赦しをいただいていない、ということ。〔また、キリストはパンとブドウ酒の形のもとに肉体的に臨在されるので、そこにおいて礼拝されなければならない、ということです。〕このようにミサは、根本的には、イエス・キリストの唯一の犠牲と苦難を否定しており、〔呪われるべき〕偶像礼拝に〔ほかなりません。〕

当時のミサ聖祭の教理では、キリストの犠牲はこの祭儀のたびにくり返されており、しかもキリストはミサ聖祭のたびにパンとぶどう酒のもとにあるとされていました。しかし主の晩餐が指し示しているのは、主イエスの犠牲の反復ではなく、キリストがゴルゴタの十字架において成し遂げられたあの一度きりの完全な贖いの御業に、信じる私たちが聖霊によって結び合わされているという恵みの事実なのです。

②主の晩餐にあずかるふさわしさ

続く第八一問では、主の晩餐にあずかるふさわしさが扱われます。

問八一　どのような人が、主の食卓に来るべきですか。

答　自分の罪のために自己を嫌悪しながらも、キリストの苦難と死とによってそれらが赦され、残る弱さも覆われることをなおも信じ、さらにまた、よりいっそう自分の信仰が強められ、自分の生活が正されることを切に求める人たちです。しかし、悔い改めない者や偽善者たちは、自分自身に対する裁きを飲み食いしているのです。

信仰者の自己吟味には罪の自覚と悔い改めが必須です。しかし主の晩餐は、いつも自分の罪を悲しみ、痛み、苦しみながら集う「改悛の食卓」ではありません。肝心なのは「〜しながらも」として、続く赦しの確信と信仰の励まし、生活の聖化への促しに繋がっていく点です。罪の悔い改めで立ち止まったままではなく、自分の罪を十分に自覚しつつも、主イエスの十字架を仰ぎ、そこからなお赦しを確信して聖化へと進む。主の晩餐とは、まさに赦しの食卓なのです。聖霊が成し遂げてくださる信仰の道筋を捕らえるときに、私たちの自己吟味は単なる自己嫌悪に終わることなく、そこから赦しの道をたどり、天を仰ぎつつ信仰から信仰へと進んでいくことができるのです。

しかし続く部分で、「しかし、悔い改めない者や偽善者たちは、自分自身に対する裁きを飲み食いしているのです」とも教えられます。私たちが真摯に自分の罪と向き合い、深く悔い改めに導かれて十字架の主イエスを仰ぐことを忘れ、赦しの恵みに居直るようにして、深い自己吟味なしに主の食卓に進むとすれば、それは「自分に対する裁きを飲み食いしている」ことにほかならない。この厳粛な教えによく耳を傾けたいと思います。

③赦しの食卓に着かせるために

さらに、第八二問では厳しい問いが発せられます。

問八二　それでは、その信仰告白と生活によって不信仰と背信とを示している人々でも、この晩餐にあずかれるのですか。

答　いいえ。なぜなら、それによって神の契約を侮辱し、御怒りを全会衆に招くことになるからです。それゆえ、キリストの教会は、キリストとその使徒たちとの定めに従って、そのような人々をその生活が正されるまで、鍵の務めによって締め出す責任があります。

ここで触れられるのは、続く第三一主日以降の「鍵の務めについて」で論じられる、教会の訓練、教会戒規の問題です。教会訓練、戒規の本質は、懲戒や処罰でなく、私たちを悔い改めに導き、主のもとに立ち直らせ、再び主の晩餐の食卓の交わりの中に迎え入れるための手段です。それによって主の食卓の聖さが保たれるとともに、その食卓に再び迎えられるための道筋を整えるものでもあるのです。

主イエス・キリストの贖いの恵みを伝える聖晩餐に、無造作にあずかることはふさわしくありません。主の御前に十分な自己吟味が必要です。しかし、自己吟味をくり返すだけならば、いつになっても主の食卓に進み出ることはできないでしょうし、あるいは自分の罪に無頓着なままに軽々しく主の食卓に着く罪を犯しかねません。私たちは主の恵みの招きにあずかるたびごとに、自らを主の御前に深く省みて、十字架の恵みを仰ぐ者でありたいと願います。そしてまた、人々を赦しの食卓に着かせるために、教会に与えられた鍵の権能、教会の訓練、戒規を正しく執り行う教会となっていきたいと願うのです。

第三一主日　第八三問～第八五問

三六　天の御国の鍵

①鍵の務めについて

第三一主日で、ハイデルベルク信仰問答の第二部「人間の救いについて」が締めくくられます。これまで使徒信条を説き、聖礼典の恵みを説いてきたことを受けて、その締めくくりに扱われるのは、「鍵の権能」についてです。第八三問を読みましょう。

問八三　鍵の務めとは何ですか。

答　聖なる福音の説教とキリスト教的戒規《かいき》のことです。これら二つによって、天国は信仰者たちには開かれ、不信仰な者たちには閉ざされるのです。

教会はその歴史の中で教会に与えられた権能として、「鍵の務め」を重視してきました。これはマタイの福音書一六章一九節における主イエス・キリストの御言葉に基づく教えです。

「わたしはあなたに天の御国の鍵を与えます。あなたが地上でつなぐことは天においてもつながれ、あなたが地上で解くことは天においても解かれます。」

こうして主イエスはペテロに「つなぐ、解く」務めを与えられました。それによって天の御国の門を開き、また閉じる役目がゆだねられたのです。それはまことに重く、厳粛な務めです。それで、教会はこのような重い務めを果たすことができるのか、という問いが浮かんできます。

そこで私たちは、第八三問の引証聖句にヨハネの福音書二〇章二二、二三節が用いられていることに注目したいのです。

「聖霊を受けなさい。あなたがたがだれかの罪を赦すなら、その人の罪は赦されます。赦さずに残すなら、そのまま残ります。」

鍵の権能が正しく行使されるために必須のこと、それは教会に働かれる聖霊なる神への信頼です。このことは、鍵の権能が人の思惑や感情にまかせて、恣意的に取り扱われることを厳に戒めることに繋がります。教会はいたずらにこの権能を剣のように振りかざすことを認められてはいません。むしろそこで求められているのは恐れと慎みと、罪を犯して傷む魂への愛の配慮です。そこで共に呻かれる聖霊なる神への信頼のもとで、この務めは注意深く、慎重に、愛をもって正しく用いられなければならないのです。

②鍵の務めとして福音の説教

そこでまず、鍵の務めとしての「福音の説教」の役割が教えられます。

問八四　聖なる福音の説教によって、天国はどのように開かれまた閉ざされるのですか。

答　次のようにです。すなわち、キリストの御命令によって、信仰者に対して誰にでも告知され明らかに証言されることは、彼らが福音の約束をまことの信仰をもって受け入れる度に、そのすべての罪が、キリストの功績のゆえに、神によって真実に赦されるということです。しかし、不信仰な者や偽善者たちすべてに告知され明らかに証言されることとは、彼らが回心しない限り、神の御怒りと永遠の刑罰とが彼らに留まるということです。そのような福音の証言によって、神は両者をこの世と来たるべき世において裁こうとなさるのです。

ここで語られているのは、福音の説教が持つ「救いの言葉」としての性質と、「さばきの言葉」としての性質です。パウロはコリント人への手紙第一、一章一八節でこう言いました。

「十字架のことばは、滅びる者たちには愚かであっても、救われる私たちには神の力です。」

福音のことばは、信じる者には罪の赦しを与える救いのことばであり、また、信じない者には神の怒りと刑罰をもたらす裁きのことばです。福音のことばには「両刃の剣よりも鋭く、たましいと霊、関節と骨髄を分けるまでに刺し貫き、心の思いやはかりごとを見分ける」(ヘブル四・一二)という性質があり、教会はこの福音の剣を研ぎ澄まして、この世界に向かって語り続けなければならないのです。

説教には福音の慰めや励まし、教えや勧めとともに、罪を明らかにし、責め、戒める働きもあります。しかし、時に教会は時代に媚びて、その御言葉の剣の一方の役割を隠してしまい、かつての旧約時代の偽預言者たちのように偽りの平和を語ることがありました。それは決して過去のことだけでなく、今日の教会もまた同じ過ちに陥る危険があるでしょう。

だからこそ私たちは、福音の説教が教会に託された鍵の務めであることを十分に重んじて、これを正しく用いることに励みたいと思います。それは説教者だけでなく、説教者を立てる教会全体の問題です。このことを心に刻みながら、使徒パウロのことばに聞いておきたいと思います。パウロがテモテへの手紙第二、四章二～四節で語った御言葉は、今の私たちもくり返し聞き続けなければならない大切な教えなのです。

「みことばを宣べ伝えなさい。時が良くても悪くてもしっかりやりなさい。忍耐の限りを尽くし、絶えず教えながら、責め、戒め、また勧めなさい。というのは、人々が健全な教えに耐えられなくなり、耳に心地よい話を聞こうと、自分の好みにしたがって自分たちのために教師を寄せ集め、真理から耳を背け、作り話にそれて行くような時代になるからです。」

③天の御国の鍵としての教会戒規

第八五問は続いて、鍵の務めとしての戒規が、どのように用いられるべきかを教えます。

問八五 キリスト教的戒規《かいき》によって天国はどのように開かれまた閉ざされるのですか。

答 次のようにです。すなわち、キリストの御命令によって、キリスト者と言われながら、非キリスト教的な教えまたは行いを為《な》し、度重なる兄弟からの忠告の後にもその過ちまたは不道徳を離れない者は、教会または教会役員に通告されます。もしその訓戒にも従わない場合、教会役員によっては聖礼典の停止をもってキリスト者の会衆から、神御自身によってはキリストの御国から、彼らは締め出されます。しかし、彼らが真実な悔い改めを約束しまたそれを示す時には、再びキリストとその教会の一部として受け入れられるのです。

ここでは戒規に至る道筋が、マタイの福音書一八章一五〜一八節において主イエスが示された原則に従って論じられます。

「また、もしあなたの兄弟があなたに対して罪を犯したなら、行って二人だけのところで指摘しなさい。その人があなたの言うことを聞き入れるなら、あなたは自分の兄弟を得たことになります。もし聞き入れないなら、ほかに一人か二人、一緒に連れて行きなさい。二人または三人の証人の証言によって、すべてのことが立証されるようにするためです。それでもなお、言うことを聞き入れないなら、教会に伝えなさい。教会の言うことさえも聞き入れないなら、彼を異邦人か取税人のように扱いなさい。まことに、あなたがたに言います。何でもあなたがたが地上でつなぐことは天でもつながれ、何でもあなたがたが地上で解くことは天でも解かれます。」

このように戒規に進む道は、個人的な訓戒、複数による訓戒、教会会議による戒規という段階を経るように定められていますが、いずれにしても教会による慎重な手続きと牧会的配慮を踏まえた上で、最終的に教会のかしらなる主イエス・キリストの御名の権威に基づいて執り行われるものです。

教会戒規の目的について、宗教改革者カルヴァンは『キリスト教綱要』第四篇の中で、神の教会の秩序と純潔の保持のため、信仰者を他の罪の影響から守るため、そして罪を犯した当事者の悔い改めと魂の獲得のための三点を挙げました。その中でも特に重要なのは、第三の罪を犯した者が正しい悔い改めの道を通って主にある交わりに回復され、その魂が獲得されるという目的です。戒規は決して罪を犯した信仰者の断罪と放逐のためにあるのではなく、悔い改めと魂の獲得のためにあるのです。

その上で大切なのは、普段から私たちの交わりが互いのためにとりなし祈る、祈りの交わりとして整えられていくということでしょう。

「まことに、もう一度あなたがたに言います。あなたがたのうちの二人が、どんなことでも地上で心を一つにして祈るなら、天におられるわたしの父はそれをかなえてくださいます。二人か三人がわたしの名において集まっているところには、わたしもその中にいるのです」（マタイ一八・一九～二〇）。

この祈りの中でこそ教会の交わりは建て上げられていくのであって、その祈りなしに鍵の権能を行使することはできないのです。

第三部　感謝について

全生活にわたる感謝

第三二主日　第八六問〜第八七問

三七　良い行いに歩む

ハイデルベルク信仰問答の第三部、「感謝について」に入ります。ここでくり返しを厭わず、もう一度この信仰問答の全体の骨格についておさらいしておきましょう。

これまで学んできたように、この信仰問答は全部で三部からなっており、第一部では人間の置かれている罪の悲惨さ、第二部ではその罪の状態からの救いが教えられました。そこでは使徒信条が説き明かされて、私たちへの、神の恵みによる救いの教理が教えられたわけです。

この神の恵みに対する感謝を説くのが、ここから始まる第三部で、その中心は十戒と主の祈りの説き明かしとなります。救いの恵みへの感謝という文脈で、使徒信条に続いて十戒が説かれるところに、ハイデルベルク信仰問答の一つの神学的な特色があると言えるでしょう。

①救いと善き行い

さて、第三二主日と続く第三三主日では、十戒を説き明かすのに先立って「全生活にわたる感謝」という見出しのもと、いくつかのことが論じられますが、その中心点は救われた者の「善き行い」についてです。

第八六問を読みましょう。

問八六 わたしたちが自分の悲惨さから、自分のいかなる功績にもよらず、恵みによりキリストを通して救われているのならば、なぜわたしたちは善い行いをしなければならないのですか。

答 なぜなら、キリストは、その血によってわたしたちを贖われた後に、その聖霊によってわたしたちを御自身のかたちへと生まれ変わらせてもくださるからです。それは、わたしたちがその恵みに対して全生活にわたって神に感謝を表し、この方がわたしたちによって賛美されるためです。さらに、わたしたちが自分の信仰をその実によって自ら確かめ、わたしたちの敬虔な歩みによってわたしたちの隣人をもキリストに導くためです。

ここでは、すでに第八問や第六二問、第六四問で教えられてきた恵みによる救いの教理がくり返されています。人は行いによらず、ただ恵みによって救われる。これはローマ人への手紙、ガラテヤ人への手紙、エペソ人への手紙などで教えられる新約聖書の中心的な使信であり、また宗教改革の信仰の核心です。

しかし、第八六問とそれ以前の関連する問答との違いは、恵みによって救われた私たちになぜ善い行いが必要であるのかを問うている点です。この「救い」と「善い行い」の問題は、教理のことばで言い換えるならば、「義認」と「聖化」の問題となります。そしてこれらの問題を信仰問答は、「恵み」と「感謝」の問題として説き明かしていくのです。「聖化」の教えとは、言い換えれば、救いにあずかった私たちの「生きること」そのものに関わるものです。私たちの生の現実は、主イエス・キリストの十字架の贖いによって一回的に、決定的に変えられました。「キリストは、その血によってわたしたちを贖われた後に、その聖霊によってわたしたちを御自身のかたちへと生まれ変わらせてもくださるからです」と言われるとおりです。

そして、パウロがコリント人への手紙第一、一章三〇節で「キリストは、私たちにとって神からの知恵、すなわち、義と聖と贖いになられました」と記したように、贖い主キリストは私たちを義としてくださるばかりか、聖霊によって、私たちを本来あるべき神のかたちへと回復させてくださるお方であり、まさに自らが義であり、聖なるお方であるとともに、私たちを義と認め、聖としてくださるお方でもあるのです。このキリストに導かれる聖化の歩みが感謝の生活の基本線です。

②善き行いの目的

宗教改革の教会が向き合った、ローマ・カトリック教会からの問いかけは、救いが神の恵みのみとするならば、人はその恵みに甘んじて怠惰になり、善き行いに励むことなどしなくなるではないか、ということでした。これはある意味もっともな問いかけですが、しかしこれに対してすでに第六四問が「まことの信仰によってキリストに接ぎ木された人々が、感謝の実を結ばないことなど、ありえない」と答えています。

第八六問はそこからさらに進んで、善き行いという感謝の実を結ばせるのは、私たちの内にあって今働いていてくださる聖霊の御業であるとし、私たちを善き行いに向かわせるのは、ただただ、私の身代わりとなって十字架の贖いを成し遂げてくださった主イエス・キリストへの感謝なのです。「それは、わたしたちがその恵みに対して全生活にわたって神に感謝を表し、この方がわたしたちによって賛美されるためです。さらに、わたしたちが自分の信仰をその実によって自ら確かめ、わたしたちの敬虔な歩みによってわたしたちの隣人をもキリストに導くためです」と説かれるとおりです。

ここには信仰者の善き行いの目的が四点にまとめられています。その第一は、私たちを恵みによって救ってくださったキリストへの感謝、第二はこの方に対する賛美、第三は自分自身の信仰の確認、そして第四が隣人をキリストに導く福音宣教のわざです。私たちが善い行いに励むのは、それによって自分の救いを得るためではありません。救いはすでに神の恵みによって成し遂げられているのです。

救いにあずかったことで感謝を忘れ、恩を忘れ、恵みの上に居直って、あとは自分の好き勝手に生きればよい。それがキリスト者の生き方と言えば、決してそうではありません。主イエス・キリストの十字架によって示された神の愛と、そこで成し遂げられた贖いの恵みを知れば、その恵みをただ甘んじて受けるというところにとどまり続けることはできません。むしろ、その恵みに応えて生きる者へと私たちは聖霊によって変えられていくのです。
父なる神が御子イエス・キリストの十字架によって表してくださった愛が、聖霊によって私たちの内へともたらされるとき、私たちの心はこの神への感謝にあふれます。そしてあふれ出た感謝は、このお方への応答へと私たちを促し、感謝と賛美、そして福音の宣教へと私たちを押し出すのです。
しかし、救いをいただいた私たちが、神への感謝を表しながら生きることは「悔い改め」から起こることでした。このことなしに私たち人間は神に祝福される歩みを全うすることができないことを、第八七問が教えています。

問八七 それでは、感謝も悔い改めもない歩みから神へと立ち返らない人々は、祝福されることができないのですか。

答 決してできません。なぜなら、聖書がこう語っているとおりだからです。「みだらな者、偶像を礼拝する者、姦通する者、泥棒、強欲な者、酒におぼれる者、人を悪く言う者、人の物を奪う者は、決して神の国を受け継ぐことができません」。

真実な悔い改めは、全き赦しを確信させます。そして、その赦しの確信は感謝へと結びつき、神への感謝の道は、私たちにとっても喜びに満ちた祝福の歩みへと繋がっていくのです。

第三三主日　第八八問～第九一問

三八　新しい人として生きる

①神への立ち返りとしての「悔い改め」

聖書の教えるまことの悔い改めは、先の第八七問が「神への立ち返り」といったように、「メタノイア」、すなわち自分の思いを改め、向きを変えることを意味します。しかもそれは、自分の反省や後悔によるものでなく、「救いに導く恵みの賜物」です。

主イエス・キリストの十字架によってもたらされた贖いを信じ受け入れるとき、私たちは神に背を向けていた人生から、神に向かって生きる人生へと立ち返り、方向転換を遂げることができるのです。それで、第八八問では次のように言われます。

問八八　人間のまことの悔い改めまたは回心は、いくつのことから成っていますか。

答　二つのことです。すなわち、古い人の死滅と新しい人の復活です。

ガラテヤ人への手紙二章一九、二〇節には、次のように記されています。

「私はキリストとともに十字架につけられました。もはや私が生きているのではなく、キリストが私のうちに生きておられるのです。今私が肉において生きているいのちは、私を愛し、私のためにご自分を与えてくださった、神の御子に対する信仰によるのです。」

キリストと共に十字架につけられ、キリスト共に古い自分に死に、そしてキリスト共に、キリストにあるいのちに生かされる。まさに「キリストが私のうちに生きておられる」という現実が立ち現れる。これこそが悔い改めて神に立ち返った新しい人の姿だと御言葉は教えるのです。

使徒パウロはこれと同様のことを、ローマ人への手紙六章で次のように教えています。

「私たちは、キリストの死にあずかるバプテスマによって、キリストとともに葬られたのです。それは、ちょうどキリストが御父の栄光によって死者の中からよみがえられたように、私たちも、新しいいのちに歩むためです」（四節）。

「私たちがキリストとともに死んだのなら、キリストとともに生きることにもなる、と私たちは信じています」（八節）。

「同じように、あなたがたもキリスト・イエスにあって、自分は罪に対して死んだ者であり、神に対して生きている者だと、認めなさい」（一一節）。

このように、まことの悔い改めにおいては、キリストのよみがえりのいのちに結びあわされて、「いのちにあって新しい歩みをする」という、根本的な変革が起こっているのです。


私たちは時に、自分の人生の振り返っては、できることならすべてをリセットして一からやり直しをしたいと思うことがあります。しかし、同時に私たちが日ごとに経験するのは、心を入れ替えて新しい歩みをしようと決心しても、すぐに同じ過ちをくり返してしまう自分自身の弱さであり、過去のさまざまな傷や痛みから自由になることのできない自分自身の限界です。できることなら時間を巻き戻して、あの日、あの時のあの場面からもう一度やり直してみたいと思うことがあっても、時間の中を生きる私たちにはそれもまた適わないことです。そんなことをくり返すうちに、かえって罪の現実の前に開き直ったり、あきらめたり、自暴自棄になってしまうことさえ経験します。

けれども、開き直ることも、あきらめることも、自暴自棄になることもない。主イエス・キリストにあってはどのタイミングからでも、どの地点からでも、どんな境遇からでも、神に立ち返ることができる。そこから新しい人としてスタートすることができる。新しい人の生が始まる。それが主イエス・キリストが私たちに下さる救いのすばらしさであり、慰めと励ましです。

②古い人の死滅、新しい人の誕生

この新しい人として生きる現実を、信仰問答はさらに深めていきます。

問八九　古い人の死滅とは何ですか。

答　心から罪を嘆き、またそれをますます憎み避けるようになる、ということです。

問九〇　新しい人の復活とは何ですか。

答　キリストによって心から神を喜び、また神の御旨に従ったあらゆる善い行いに心から打ち込んで生きる、ということです。

ここに悔い改めの内実が明確にされます。かつては神を憎み、避け続け、罪を喜び、罪に従って生きてきた私たちが、主イエス・キリストの贖いによって罪赦され、神の子とされ、神へと立ち返ったとき、かつての姿から全く新しくされて、今や「罪を嘆き、またそれをますます憎み避けるように」なり、それればかりか「キリストによって心から神を喜ぶ」者とされたと言うのです。

この「新しい人の誕生」は、聖霊によって私たちの人生に起こる大きな出来事ですが、それを目に見える仕方で表すのが、洗礼の恵みでした。私たちが罪の悔い改めとキリストへの信仰を告白し、洗礼を受けるのは、罪ある古い自分に死ぬことともに、「キリストによって心から神を喜び、また神の御旨に従ったあらゆる善い行いに心から打ち込んで生きる」ためなのです。

この新しい人としての生き方は、神のかたちに創造された人間本来の生きる姿とその目的に立ち返ったことをも意味しています。神のかたちに創造された人間の最も本来的な生き方は、神を喜び、神の御旨に従って生きることでした。しかし、最初の人アダムの堕落によって罪が入ったときから人間は神の姿を損ない、その目的に生きることが不可能になり、それればかりか自分自身を神として生き、己を義として生きるようになってしまいました。そこではいつも自分を基準として生きるほかなかったのです。

しかし、新しい人のなす善い行いは、「自分基準」でなく「神基準」です。第九一問がこう言うとおりです。

問九一 しかし、善い行いとはどのようなものですか。

答 ただまことの信仰から、神の律法に従い、この方の栄光のために為されるものだけであって、わたしたちがよいと思うことや人間の定めに基づくものではありません。

今やキリストによって新しく復活させられた新しい人は、「キリストによって心から神を喜ぶ」人であり、「神の御旨に従ったあらゆる善い行いに心を打ち込んで生きる」人であり、そのようにして「この方の栄光のために」生きる人のことです。人生の目的を見失い、何のために生きるのかがわからずにもがき苦しむ私たちに対して、主イエス・キリストは、私たちが一生懸命に心打ち込んで生きることのできる人生をはっきりと指し示してくださいました。ウェストミンスター小教理問答第一問が、人の主な目的を「神の栄光をあらわし、永遠に神を喜ぶこと」と言い表したことの源流がここにあります。

私たちに新しいいのちを与えてくださる主イエス・キリストにあって、新しい人として生きる。これが私たちの現実です。

十戒について

第三四主日　第九二問〜第九五問

三九　主なる神の戒め

①主なる神からの戒め

第三四主日から第四四主日にかけて、神の律法である十戒の解説が扱われます。まず第九二問を読みましょう。

問九二　主の律法とはどのようなものですか。

答　神はこれらすべての言葉を告げられた。第一戒わたしは主、あなたの神、あなたをエジプトの国、奴隷の家から導き出した神である。あなたには、わたしをおいてはかに神があってはならない。第二戒あなたはいかなる像も造ってはならない。上は天にあり、下は地にあり、また地の下の水の中にある、いかなるものの形も造ってはならない。あなたはそれらに向かってひれ伏したり、それらに仕えたりしてはならない。わたしは主、あなたの神。わたしは、熱情の神である。わたしを否む者には、父祖の罪を子孫に三代、四代までも問うが、わたしを愛し、わたしの戒めを守る者には、幾千代にも及ぶ慈しみを与える。第三戒あなたの神、主の名をみだりに唱えてはならない。みだりにその名を唱える者を主は罰せずにはおかれない。第四戒安息日を心に留め、これを聖別せよ。六日の間働いて、何であれあなたの仕事をし、七日日は、あなたの神、主の安息日であるから、いかなる仕事もしてはならない。あなたも、息子も、娘も、男女の奴隷も、家畜も、あなたの町の門の中に寄留する人々も同様である。六日の間に主は天と地と海とそこにあるすべてのものを造り、七日目に休まれたから、主は安息日を祝福して聖別されたのである。第五戒あなたの父母を敬え。そうすればあなたは、あなたの神、主が与えられる土地に長く生きることができる。第六戒殺してはならない。第七戒姦淫してはならない。第八戒盗んではならない。第九戒隣人に関して偽証してはならない。第十戒隣人の家を欲してはならない。隣人の妻、男女の奴隷、牛、ろばなど隣人のものを一切欲してはならない。

律法の問題は、すでに第三問で、「人は律法によって自分の罪の悲惨さを知る」と教えられていました。そして第四問で、神の律法が求める生き方がマタイの福音書二二章から「神を愛すること」と「隣人を愛すること」と示されたのを受けて、第五問で「あなたはこれらすべてのことを完全に行うことができますか」と問われ、それに対してこう答えざるを得ませんでした。「できません。なぜなら、わたしは神と自分の隣人を憎む方へと生まれつき心が傾いているからです。」

②律法の取り扱いと第一戒について

この第二主日における律法の取り扱いと、第三四主日における律法の取り扱いの違いに、ハイデルベルク信仰問答の律法論の大きな特徴があります。

前者においては、律法によって私たちに罪を認めさせ、キリストのもとに導くという、いわゆる「律法の第一用法」（教育的用法）が語られて、そこでは出エジプト記の十戒のことばを示す替わりに、律法の要約であるマタイの福音書の御言葉が掲げられていました。

これに対して後者においては、救われた私たちが神に感謝して生きるための規範という、いわゆる「律法の第三用法」（規範的用法）が語られて、十戒の全体が掲げられ、それが順を追って説き明かされていくのです。そうすることによって、十戒が救われた私たちにとっていかに大切な意味を持っているかを示そうとしていると言えるでしょう。

たしかに私たちは、主イエス・キリストによる救いをいただいた今、もはや律法によらず恵みにより、新しい人として生きているのですが、それでは、そのような私たちに律法はもはや必要ないのかと言えば、決してそうではない。むしろ主イエス・キリストの救いに感謝し、新しいいのちに生きる私たちの自由の指針、感謝の生活の指針として、今も重要な意味を持っているのです。

そこで十戒の一つ一つの戒めを学んでいくにあたり、最初に注目したいのはハイデルベルク信仰問答が十戒をどのように区分しているかということです。第九二問の冒頭で次のように言われています。

問九二　主の律法とはどのようなものですか。

答　神はこれらすべての言葉を告げられた。第一戒わたしは主、あなたの神、あなたをエジプトの国、奴隷の家から導き出した神である。あなたには、わたしをおいてほかに神があってはならない。

この「わたしは、あなたをエジプトの地、奴隷の家から導き出したあなたの神、主である」は、出エジプト記二〇章二節に記される「序言」の部分ですが、この取り扱い方に十戒の理解がかかってくる重要な箇所です。

十戒の序言を第一戒に含めることの意義を強調したのは、カルヴァンの著したジュネーヴ教会信仰問答です。その第一三六問と第一三七問は次のように記されています。

問一三六　第一の戒めを暗誦してごらんなさい。

答　イスラエル人よ聴け、わたしはあなたの神であって、あなたをエジプトの地、奴隷の家から導き出した者である。あなたはわが前に決して他の神をもってはならない。

問一三七　その意味を説明してごらんなさい。

答　最初にあたって、律法全体の序言のようなことが述べられております。すなわち、ご自身を永遠者、また世のつくり主と呼ぶことにより、命令する権威をご自身に帰し、次に、彼の教えをわれわれに親しみ深いものとするために、御自らを「あなたの神」とおっしゃるからであります。それは、もし彼がわれわれの救い主であられるならば、われわれは彼の従順な民となるべきことは当然でありますから。

ハイデルベルク信仰問答も、ジュネーヴ教会信仰問答に沿って、十戒の序言を第一戒の中に含めて論じます。つまりここで「わたしをおいてほかに神があってはならない」と言われる神は、いわゆる「神」一般、あるいは抽象的な「神々」の一つということではなく、明らかに「あなたをエジプトの国、奴隷の家から導き出した」「あなたの神」であり、「主」なる神であるとされているのです。

この主なる神は、世界を創造され、その世界の歴史の中にあってご自身の民イスラエルを選び、その民の歴史の中でご自身の救いの御業を成就させられる神であり、そして何よりも、この神が「あなたの神」、すなわち私たちの神として、私たちと交わりを持ちたもう生ける神、契約の神であるということなのです。

生ける神、契約の神のみを主なる神とする。そこには、主なる神が私たちとの間に真実な交わりを与えてくださっていることが示されます。十戒は「神一般」と「人間一般」の間の戒めということではなく、具体的で特定な愛の交わりに基づく「あなたの神、主」と

「わたしたち」との間に結ばれた約束なのです。

③二枚の石の板

続く第九三問では、十戒の大きな二つの区分について述べられています。

問九三　これらの戒めはどのように分かれていますか。

答　二枚の板に分かれています。その第一は、四つの戒めにおいて、わたしたちが神に対してどのようにふるまうべきかを教え、第二は、六つの戒めにおいて、わたしたちが自分の隣人に対してどのような義務を負っているかを教えています。

十戒は、しばしば「二枚の石の板」と呼ばれるように、内容からしても大きく二つの部分に分けられます。前半の四つの戒めは、主なる神と私たちとの関係についての戒めであり、後半の六つの戒めは、主なる神の御前での、私と他者との関係についての戒めです。

しかもこれらの戒めは、互いに独立した別個の戒めの集成ではなく、互いに内的に深く結びつき、しかも全体として一つのものとして与えられています。それを要約したものが、第二主日、第四問にあった福音書での主イエスご自身による要約、すなわち「神を愛すること」と「隣人を愛すること」でした。

神を愛することと隣人を愛することは、二つでありつつ、しかも分かちがたく結びあった一つの戒めであり、十戒の全体、そしてそれを含む神の律法全体の究極の戒めです。聖書が示す愛の倫理は、神をさしおいて人間へと向かう人間中心なものでなく、また神への熱心を理由に隣人の存在を見過ごすような偏狭なものでもありません。むしろ神を愛することを通して、それまで見えていなかった隣人の存在へと目が開かれていき、隣人と誠実に向き合うことで、自分自身の愛のなさを思い知らされ、神の愛に気づかされ、この神をますます愛するように導かれていくようなものでしょう。

このように、神の戒めは私たちを真実に神と隣人の前に生きる道に押し出し、その道を歩む者として整え、実際にその道を歩ませるための自由な道しるべなのです。

四〇　神を神とする

①神を神とする

十戒の全体像を踏まえた上で、第一の戒め、「あなたには、わたしのほかに、ほかの神々があってはならない」に進みます。この戒めについて、第九四問は次のように記します。

問九四　第一戒で、主は何を求めておられますか。

答　わたしが自分の魂の救いと祝福とを失わないために、あらゆる偶像崇拝、魔術、迷信的な教え、諸聖人や他の被造物への呼びかけを避けて逃れるべきこと。唯一のまことの神を正しく知り、この方にのみ信頼し、謙遜と忍耐の限りを尽して、この方にのみすべてのよきものを期待し、真心からこの方を愛し、畏れ敬うことです。すなわち、わたしが、ほんのわずかでも神の御旨に反して何かをするぐらいならば、むしろすべての被造物の方を放棄する、ということです。

宗教改革時代に数多く作られた信仰問答の特徴の一つに、十戒を説き明かすにあたって、それらの戒めの持っている積極的な意味を説くという点を挙げることができます。「～してはならない」という戒めについても、「～せよ」という戒めについても、いつもそこに禁じていることと命じていることの両面を教えるところに、ハイデルベルク信仰問答を含めた宗教改革の信仰問答が、十戒の持つ積極的な意義、すなわち単なる禁止命令として私たちの生を拘束するものではなく、むしろそれらを神に向かって生きることの積極的な指針として受け取るという意義を確認できるのです。

第一戒の消極的な面としては、「あらゆる偶像崇拝、魔術、迷信的な教え、諸聖人や他の被造物への呼びかけを避けて逃れるべきこと」です。

出エジプトに際して、主なる神は燃える柴の中からモーセに呼びかけ、そこでご自身の名を「わたしは『わたしはある』という者である」（出エジプト三・一四）と示されました。この世界を創造され、それを保ち、治め、導かれる全知全能の「ありてある神」が、それればかりでなく「エジプトの地、奴隷の家から導き出したあなたの神、主」として、私たちを愛し、救おうと立ち上がり、愛に基づく自由によって私たちのもとに救いをもたらしてくださった。この神の愛による訪れが、御子イエス・キリストの受肉の出来事です。そのようにして神は私たちを愛し、私たちに向かって近づいて来てくださるお方なので、私たちにもこのお方のみを愛することが期待されるのです。

次に、第一戒の積極的な面としては、「唯一のまことの神を正しく知り、この方にのみ信頼し、謙遜と忍耐の限りを尽して、この方にのみすべてのよきものを期待し、真心からこの方を愛し、畏れ敬うことです。すなわち、わたしが、ほんのわずかでも神の御旨に反して何かをするぐらいならば、むしろすべての被造物の方を放棄する、ということです」と教えられます。

では、唯一のまことの神を知り、信頼し、期待し、愛し畏れる信仰はどのようにして生まれるのでしょうか。ハイデルベルク信仰問答は第二一問で、「まことの信仰」を「神が御言葉においてわたしたちに啓示されたことすべてをわたしが真実であると確信する、その確かな認識のことだけでなく、福音を通して聖霊がわたしのうちに起こしてくださる、心からの信頼のことでもあります」と言い表しました。

私たちが真の神を知り、信じるのは、神の御言葉とその説き明かしとしての福音の説教、それらを通して私たちの内に生けるキリストを証ししてくださる聖霊の神のお働きによることです。その信仰に立つときに、私たちはひとつの決然とした信仰態度を取らざるを得ない状況に置かれることをも覚悟しなければなりません。「すなわち、わたしが、ほんのわずかでも神の御旨に反して何かをするぐらいならば、むしろすべての被造物の方を放棄する、ということです。」

②偶像礼拝の本質

続く第九五問では、まことの神以外のものを神とする「偶像礼拝」の罪の本質が明らかにされます。

問九五 偶像礼拝とは何ですか。

答 御言葉においてご自身を啓示された、唯一のまことの神に代えて、またはこの方と並べて、人が自分の信頼を置く何か他のものを考え出したり、所有したりすることです。

ここで明確に語られるのは、他の神々を拝むことだけが偶像礼拝なのではない、という事実です。むしろ第九四問との関連で言うならば、私たちがいかなる被造物をもまことの神に代えて、またまことの神の傍らに並べて信頼を置くならば、それはことごとく偶像になるということです。

この点において、日本の教会はかつて大きな罪を犯したことを忘れてはなりません。私たちの教会は、まさにこの第一戒が禁じる「まことの神に代えて、またはこの方と並べて」、国民儀礼の名の下に天皇を礼拝し、神社を参拝しました。神の御顔の前に、顔向けできない背信の罪を犯したのです。そればかりでなく、アジアの人々に向けては傲慢の限りを尽くした書簡を送り、隣国の主にある兄弟姉妹たちに対しては、自らの犯した偶像礼拝の罪を同じように犯すよう強要し、また信仰のゆえの迫害にあった兄弟姉妹たちを見捨てるという罪を重ねたのです。この罪を悔い改めた私たちは、二度とこの罪と過ちをくり返さないために、第一戒の戒めを、日々の営みの中でくり返し口ずさみ、心にとどめ、骨身に刻みつけることが必要でしょう。

また主イエスは、マタイの福音書六章二四節でこう言われました。

「だれも二人の主人に仕えることはできません。一方を憎んで他方を愛することになるか、一方を重んじて他方を軽んじることになります。あなたがたは神と富とに仕えることはできません。」

ここで「富」と訳されるギリシャ語「マモン」は、元来は「人が頼りとするもの」という意味があるとされ、そこから所有物や財産を意味するようになりました。主イエスはここで単にお金のことだけを問題にしたのではなく、どんな被造物でもそれらを神に代えて己の拠り所とし、頼みとするならば、それらはすぐさま偶像になり、マモンになることを警告しておられるのです。

富を頼り、馬を誇り、権力を頼り、己を頼り、他の被造物を頼り、偶像の神々を頼る。これらはいずれも偶像礼拝です。私たちは何かを頼りとし、何かを所有することによって確かさを得ようとしますが、そこでこそ私たちが思い起こすべきは、やはりここでもハイデルベルク信仰問答の第一問です。生きるにも死ぬにも、私のただ一つの慰め、拠り所、頼みとするものは、私たちが何かをより多く所有することでなく、むしろ私がただ一人の贖い主であるキリストの所有とされていることなのです。

神を正しく知り、この神に信頼し、謙遜と忍耐の限りを尽くして神に期待し、神を愛し、神を畏れ敬い、世界の創造者にして歴史の支配者なる神、「ありてある者」なる神を「わたしの神」としてあがめ、この神が御子イエス・キリストにおいて私たちと共にいてくださり、聖霊において私たちをキリストと一つに結びつけてくださる、その確かさの中に生きる者でありたいと願います。

第三五主日　第九六問～第九八問

四一　ことばによって神を見る

①第二の戒め

第三五主日は、十戒の第二戒、偶像礼拝の禁止が命じられるところです。第九六問を読みます。

問九六　第二戒で、神は何を望んでおられますか。

答　わたしたちが、どのような方法であれ神を形作ったり、この方が御言葉において命じられた以外の仕方で礼拝してはならない、ということです。

第一戒がまことの神以外を神とすることを禁じたのに続いて、第二戒では正しい神礼拝以外の仕方で神を礼拝することを禁じています。「私たちは、単に、偽りの神々を拝む傾向にあるだけではなく、自ら真の神を偽りの像に仕立てることさえするのである」（アンドレ・ペリー『ハイデルベルク信仰問答講解』）と言われるとおり、私たちはまことの神を偽りの像に仕立て、誤った仕方で神を礼拝するという過ちを犯します。そして偽りの神を礼拝するだけでなく、このような誤った神礼拝も偶像礼拝であると戒められるのです。

天地万物を創造された主なる神は、この世界のあらゆる被造物によって表現されることのない、永遠、不変、無限なるお方です。ですから、このお方を私たちはいかなる表象をもってしても表現することはできないし、有限な線によって無限なる神を括ることはできません。

このことは、裏返してみれば、人間がいかに目に見えるものによって支配されやすいかという事実を示唆するものです。出エジプト記三二章によれば、シナイ山の上でモーセが主なる神から十戒を授けられていたまさにそのとき、山の麓では、モーセがなかなか山から降りて来ないことにしびれを切らしたイスラエルの民が、アロンのもとに来て「さあ、われわれに先立って行く神々を、われわれのために造ってほしい。われわれをエジプトの地から導き上った、あのモーセという者がどうなったのか、分からないから」（一節）と迫っていました。

そして各自の持っていた金を集めると、それで金の子牛を造り上げ、「イスラエルよ、これがあなたをエジプトの地から導き上った、あなたの神々だ」（同四節）と言ったのです。その結果、イスラエルの民は神の怒りに触れて裁かれるのですが、それは彼らが主なる神を否定して、他の神として金の子牛を拝んだからというよりも、むしろこの金の子牛像をもって、自分たちをエジプトから連れ上った神と表現したからでしょう。

しかし唯一まことの神は、目に見える何かによって代替されるものでなく、まして人の手によって姿形を作り上げることのできるようなお方ではないのです。

②暗い所を照らすともしび、神の御言葉

第九七問はこう教えます。

問九七　それならば、人はどのようなかたちをも造ってはならないのですか。

答　神は決して模造されえないし、またされるべきでもありません。被造物については、それが模造されうるとはいえ、人がそれを崇めたりまたはそれによってこの方を礼拝するために、そのかたちを造ったり所有したりすることを、神は禁じておられるのです。

私たちは、見えない神を見えるものによって模造し、それにすがりたくなる心を抱きがちです。しかし私たちが見つめるべきは、神の御言葉です。ペテロの手紙第二、一章一九節に次のように記されています。

「また私たちは、さらに確かな預言のみことばを持っています。夜が明けて、明けの明星があなたがたの心に昇るまでは、暗い所を照らすともしびとして、それに目を留めているとよいのです。」

神のことばなる御子イエス・キリストは、人となってこの地上に来てくださいました。

そして御子が遣わされた聖霊の神は、御子の語られたすべてのことを思い起こさせてくださるお方です。私たちの間に住まわれた「神のことば」なるイエス・キリストは、明けの明星としてやがて再びお出でになりますが、それまでの間、私たちは確かな預言の御言葉を「暗い所を照らすともしび」として与えられ、その御言葉によって神を見るのです。

③ことばによって神を見る

主イエス・キリストはヨハネの福音書一四章九節で、「わたしを見た人は、父を見たのです」と言われました。御子イエス・キリストを通してのみ、私たちは父なる神を見ることができる。しかもそれは物言わぬ絵画や彫像のキリストではない、私たちのうちに生きて働かれる聖霊によって証しされる御子主イエス・キリストを通して、ということなのです。

第九八問は言います。

問九八　しかし、画像は、信徒のための書物として、教会で許されてもよいのではありませんか。

答　いいえ。わたしたちは神より賢くなろうとすべきではありません。この方は御自身の信徒を、物言わぬ偶像によってではなく、御言葉の生きた説教によって教えようとなさるのです。

ここで大事なのは「御言葉の生きた説教」です。神の御言葉が語られるとき、そこにキリストがあらわされ、生けるまことの神が臨在される。私たちに与えられている視覚、聴覚、味覚、嗅覚、触覚などの五感を働かせて神ご自身を経験することは大切ですが、しかしその中心にあるものをいつも見つめ続けることが肝要です。

ヨハネの福音書四章二四節に「神は霊ですから、神を礼拝する者は、御霊と真理によって礼拝しなければなりません」と教えられているように、私たちの礼拝は、私たちが自分たちの考えに沿って編み出す礼拝、私たちが自分たちの宗教的欲求を満たすための自己満足の礼拝でなく、神が示される道筋を通って神の御前に進み出る「理にかなった礼拝」（ローマ一二・一参照）です。そのためにも、御言葉の生きた説教が語られ、聴かれなければなりません。毎回の礼拝、毎回の説教が、この生ける神の臨在の御前に引き出される時であることを覚えたいと思います。

四二　告白と賛美

第三六主日は、十戒の第三戒、神の御名の冒瀆と濫用を禁じる戒めについての説き明かしです。

①第三の戒め

問九九　第三戒は何を求めていますか。

答　わたしたちが、呪いや偽りの誓いによってのみならず、不必要な誓約によっても、神の御名を冒瀆《ぼうとく》または乱用することなく、黙認や傍観《ぼうかん》によってもそのような恐るべき罪に関与しない、ということ。要するに、わたしたちが畏れと敬虔によらないでは神の聖なる御名を用いない、ということです。それは、この方がわたしたちによって正しく告白され、呼びかけられ、わたしたちのすべての言葉と行いとによって讃えられるためです。

ここでは、御名の冒瀆と濫用の禁止の戒めをさらに詳しく説明する仕方で、のろいや偽りの誓い、不必要な誓約の禁止についても教えられています。

神の御名をみだりに唱えない。それは私たちが神の名を自分の目的のために利用しないということです。他者を支配し、己に服従させるための名目としてでも、自分の言動に権威づけを与える名目としてでも、神の名を自分のために都合よく使うことをしてはならない。神の御名は単なる称号、記号ではなく、生ける神の存在そのものを表しており、その御名を人間が自分のために都合よく用いたり、時には政治的にさえ用いたりするならば、それは神ご自身を冒瀆することに繫がるのです。これは教会の歴史の中でくり返されてきた過ちでもあるでしょう。

それでは、私たちはこの戒めを犯さないために、ただ口を閉ざしていればよいのか、といえば、決してそうではありません。むしろ第三の戒めを積極的に守って生きるとはどういうことかを考えることが必要でしょう。そこで私たちが目を留めたいのは、次のことばです。「要するに、わたしたちが畏れと敬虔によらないでは神の聖なる御名を用いない、ということです。それは、この方がわたしたちによって正しく告白され、呼びかけられ、わたしたちのすべての言葉と行いとによって讃えられるためです。」

ここでは、私たちが畏れと敬虔をもって主の御名を用いることができる、そのような道筋が示唆されています。それが「この方が私たちによって正しく告白され、呼びかけられ」、「わたしたちのすべての言葉と行いとによって讃えられる」ということ、すなわち「告白と賛美」という道筋だと言うのです。

②告白と賛美

コロサイ人への手紙三章一六、一七節には次のように記されています。

「キリストのことばが、あなたがたのうちに豊かに住むようにしなさい。知恵を尽くして互いに教え、忠告し合い、詩と賛美と霊の歌により、感謝をもって心から神に向かって歌いなさい。ことばであれ行いであれ、何かをするときには、主イエスによって父なる神に感謝し、すべてを主イエスの名において行いなさい。」

かつてユダヤ人は律法の第三戒を厳格に守るために、「主」（ヤハウェ）ということばを口にすることを禁じ、これを「聖四文字」として、すべて「アドナイ」と読み替えました。それによって本来の発音が長い歴史の中で消えていたとさえ言われます。

しかし、私たちにとっての第三戒に生きる道は、主の名を決して口にしないということでなく、キリストのことばをうちに宿すものとして、そのことばから生み出される新しい歌をもって、主に大いなる賛美をささげて生きる道です。そこには畏れと敬虔とともに、何といっても生き生きとした喜びがあります。主の御名をみだりにとなえず、むしろ大いに主の御名を賛美して生きる。ここに主の民の姿があるのです。

また、「ことばであれ行いであれ、何かをするときには、主イエスによって父なる神に感謝し、すべてを主イエスの名において行いなさい」と御言葉が勧めるように、私たちの信仰告白は、ただことばによってのみ言い表されるものでなく、主の名によってなすすべての営みです。私たちがキリストの名をこの身に帯びた者として語ることば、なす振る舞い、営む日々の生活、私たちの存在そのものが、それをもって主の御名を告白することに繋がっていくのです。

古くからの教会のことばに「祈りの法が信仰の法」ということばがあります。正しい祈り、礼拝、賛美が正しい信仰を形作っていく。それは私たちの全生活を貫く礼拝的な生き方が、信仰を証しし、言い表すものだと言ってもよいでしょう。

③神の聖さのために

問一〇〇　それでは、呪いや誓約によって神の御名を冒瀆することは、それをできうる限り阻止したり禁じたりしようとしない人々にも神がお怒りになるほど、重い罪なのですか。

答　確かにそのとおりです。なぜなら、神の御名の冒瀆ほどこの方が激しくお怒りになる罪はないからです。それゆえ、この方は、それを死をもって罰するようにもお命じになりました。

ここで第三戒の違反が、死に値するほどの罪として挙げられますが、なぜこれほどまでに厳しいものとして命じられるのでしょうか。それは、主の御名をどのように私たちが取り扱うかを通して、主なる神ご自身を私たちがどのように信じ、愛し、従い、礼拝し、仕えているかが表されるからでしょう。つまり、御名の扱いについてこれほど厳格な要求をされるのは、それが単なる呼び名の問題にとどまらず、神ご自身の存在そのものとその聖さとが関係しているからなのです。

神の名について出エジプト記三章一三、一四節で次のように語られます。

「『今、私がイスラエルの子らのところに行き、「あなたがたの父祖の神が、あなたがたのもとに私を遣わされた」と言えば、彼らは「その名は何か」と私に聞くでしょう。私は彼らに何と答えればよいのでしょうか。』神はモーセに仰せられた。『わたしは「わたしはある」という者である。』また仰せられた。『あなたはイスラエルの子らに、こう言わなければならない。「わたしはある」という方が私をあなたがたのところに遣わされた、と。』」

ここで示された「わたしはある」（ヤハウェ）という神の名には、自ら永遠において存在し、私たちとこの世界を存在させ、しかも私たちとの間に交わりを持ってくださる生ける神の存在のありようが表されています。この神を知らされた私たちは、自らがその名をみだりに唱えることをしないだけでなく、この世界が神を侮り、冒瀆し、その名をみだりに濫用することのないように働きかけることが戒められているのです。

第三七主日　第一〇一問〜第一〇二問

四三　御名による誓い

①御名による誓い

第三七主日は、十戒の第三戒を当時の時代背景の中に適用させながら、「誓いを立てる」ことの意味を教えるところです。第一〇一問には次のように記されます。

問一〇一 しかし、神の御名によって敬虔に誓うことはよいのですか。

答 そのとおりです。権威者が国民にそれを求める場合、あるいは神の栄光と隣人の救いのために、誠実と真実とを保ち促進する必要がある場合です。なぜなら、そのような誓いは、神の言葉に基づいており旧約と新約の聖徒たちによって正しく用いられてきたからです。

「主の名をみだりに唱えてはならない」という誓いを、御名の冒瀆、濫用の禁止と教えたのに続いて、今度はより積極的に「御名によって敬虔に誓う」ことが扱われます。御名による誓いが許されるのはいかなる場合か。これについて信仰問答は、「権威者が国民にそれを求める場合、あるいは神の栄光と隣人の救いのために、誠実と真実とを保ち促進する必要がある場合」と言うのです。

聖書は基本的に上に立つ為政者を尊び、それに従うことを求めます。私たちもこの社会に属する者として、裁判の際の誓約も行います。それらは律法の第二用法、「市民的な用法」と関わるものです。特にここでのポイントは、当時、急進的な改革を唱え、実践していた再洗礼派《アナバプテスト》の人々に対する反駁の意図がありました。

彼らは自分たちがすでに神の国に所属しているゆえに、地上のあらゆる権威には服さないと主張し、裁判や宣誓、納税や兵役を一切拒否する姿勢を保っていました。そしてその聖書的な根拠として、十戒の第三戒と、それを踏まえての主イエスの「決して誓ってはいけません」との御言葉を掲げていました。

これに対して第一〇一問は、権威者の求めに一市民として応じるべきこと、しかもそれが国家の権威の要求である以上に、神の栄光と隣人の救いという目的に照らして是とされる場合には、誠実と真実とを保ち促進するためにこれを行うことを認めているのです。

②真実と公義と正義とによって

私たちも、今、この時代に、この社会に生きる者として、聖書の教える為政者への尊敬と服従の教えを重んじ、市民として果たすべき責任を果たします。しかしそれらは決して無条件で、絶対的なことではありません。旧約聖書のエレミヤ書四章一、二節では次のように語られます。

「イスラエルよ、もし帰るのなら、――主のことば――わたしのもとに帰れ。もし、あなたが忌まわしいものをわたしの前から取り除き、迷い出ないなら、また、あなたが真実と公正と義によって『主は生きておられる』と誓うなら、国々は主によって互いに祝福し合い、互いに主を誇りとする。」

ここでは、主なる神が求められる「真実と公正と義」による誓いが果たされるとき、国々は主によって互いに祝福し合い、主によって誇り合うと言われます。しかし今日、私たちの国や世界の為政者たちの姿を見るとき、むしろ真実と公義と正義がねじ曲げられ、不正や隠蔽、不義がまかり通り、互いが祝福し合うどころか、さまざまな対立や格差が深まり、互いに牽制や威嚇をくり返し、互いに覇権を争い、民族的、宗教的な対立が後を絶たないという現状を見ます。

そのような世界の中に置かれて、この戒めを教えられた者たちとして、私たちは主の御名によって正しいことが行われるように。そのために立てられた為政者がその努めを果たせるようにと心して祈らなければなりません。

それとともに、地上の為政者たちがおごり高ぶり、神の御名を冒瀆し、濫用し、真実と公義と正義を曲げ、主なる神が託された領域を越え出て、神の主権を侵し、人間の分を超え出ようとするときには、私たちはこれに対して過ちを正し、抵抗し、断固として「否」の声を上げなければなりません。

③ 被造物による誓いの禁止

次に、御名による誓いが禁止される場合について、第一〇二問に聞きましょう。

問一〇二 聖人や他の被造物によって誓うことはよいのですか。

答 いいえ。なぜなら、正当な誓いとは、ただ独り心を探る方である神に、真実に対してはそれを証言し、わたしが偽って誓う時にはわたしを罰してくださるようにと呼びかけることであり、このような栄光は、いかなる被造物にも帰されるものではないからです。

私たちが何事かの約束を果たすために誓約をする際に、当事者であるお互い以外に、第三者が証人として立てられる場合があります。ここで第一〇二問は、誓約の確かさの保証が聖人や他の被造物によって担保されるか、という問題を扱っています。

今日でも、たとえば結婚の誓約には証人が立ち会い、二人は「神と証人との前で」として誓約をするでしょう。誓約をすることは、その誓いに対する真実が保証され、不真実が裁かれることを承認し、服することを含んでいますので、その証人になるのも責任重大なことです。

しかし突き詰めて考えてみると、人の内面までも貫いて真実を見極められるのは神ご自身以外にはあり得ないことで、そのように考えるならば、この神の御前にあるという自覚なしの誓約することも、あるいは誓約の証人になることも、いずれも無責任なことになるでしょう。ましてその責任を担うことのできない「聖人や他の被造物」による誓いが、いかに実質を持たない不確かなものであるかは明らかです。

神を恐れることなしに、「聖人や他の被造物」によって誓うことは第三戒の違反となる。このことの意味する広がりをとらえるとき、私たちが市民生活の中で誓いを立てたり、契約を結んだりするとき、そこでも目の前にいる相手だけを見てそれをなすのでなく、見えないけれどもすべてのものを御手の内に治めておられる主なる神の御前で、良心を働かせて誓いを立てているのだということを心に留めたいと思います。

四四　礼拝の生涯

第三八主日　第一〇三問

①主の日にささげる礼拝

第三八主日では、十戒の第四の戒め、安息日の教えが説き明かされます。

問一〇三　第四戒で、神は何を望んでおられますか。

答　神が望んでおられることは、第一に、説教の務めと教育活動が維持されて、わたしがとりわけ安息の日には神の教会に熱心に集い、神の言葉を学び、聖礼典にあずかり、公に主に呼びかけ、キリスト教的な施しをする、ということ。第二に、生涯のすべての日において、わたしが自分の邪悪な行いを休み、わたしの内で御霊を通して主に働いていただき、こうして永遠の安息をこの生涯において始めるようになる、ということです。

出エジプト記二〇章八～一〇節では、次のように命じられています。

「安息日を覚えて、これを聖なるものとせよ。六日間働いて、あなたのすべての仕事をせよ。七日目は、あなたの神、主の安息である。あなたはいかなる仕事もしてはならない。」

この第四戒の安息日規定の背景には、創世記一章、二章における創造の七日の出来事があります。創世記二章一～三節には、「こうして天と地とその万象が完成した。神は第七日に、なさっていたわざを完成し、第七日に、なさっていたすべてのわざをやめられた。神は第七日を祝福し、この日を聖なるものとされた。その日に神が、なさっていたすべての創造のわざをやめられたからである」と記されています。

第一〇三問は、この主なる神の創造のわざの恵みと祝福とともに、主イエス・キリストの復活こそが私たちにとっての真の創造の回復と、完全な恵みと祝福の出来事であることを覚えて、神が望んでおられる礼拝の姿を示しています。

「神が望んでおられること」の第一は、「説教の務めと教育活動が維持されて、わたしがとりわけ安息の日には神の教会に熱心に集い、神の言葉を学び、聖礼典にあずかり、公に主に呼びかけ、キリスト教的な施しをする、ということ」です。ここでは、今の時代に生きる私たちにとって、主の日の礼拝に集い、これをよりよく整えることが、第四戒に生きることに繋がることが教えられます。説教の務めが重んじられ、その務めに召された説教者がふさわしく立てられること、人々が喜びと熱心をもって神の教会に集うこと、そこで神のことばを学び、聖礼典にあずかり、祈りが重んじられ、献金と奉仕のわざが教会のためだけでなく、教会を通して広く実践されることが教えられるのです。

私が奉仕する徳丸町キリスト教会では毎週日曜日、早朝から夕方まで一日に四回の礼拝をささげていますが、そこには大きく二つの願いがあります。一つは、主の日を一日、全体を通して神を礼拝するという信仰のライフスタイルを実践したいという願いです。今一つは、仕事や部活動、家庭の事情など、さまざまなことで礼拝に出席することが困難なときに、主の日のどこかの時間ででも一緒に礼拝する恵みにあずかりたいと願ってのことです。

主の日に神の御前に集まって礼拝をささげ、祝福にあずかり、御言葉の養いを受けて、まことの安息を味わって、ここからまたそれぞれの遣わされた地へと赴いていく。神が創造の一日と同じだけの時間を取り分けて、私たちのために備えてくださった祝福と聖別の恵みにあずかることができる。この幸いを深く味わいたいと思うのです。

②礼拝の生涯

「神が望んでおられること」の第二は、「生涯のすべての日において、わたしが自分の邪悪な行いを休み、わたしの内で御霊を通して主に働いていただき、こうして永遠の安息をこの生涯において始めるようになる、ということです」。

パウロは、ローマ人への手紙一二章一節でこう教えました。

「ですから、兄弟たち、私は神のあわれみによって、あなたがたに勧めます。あなたがたのからだを、神に喜ばれる、聖なる生きたささげ物として献げなさい。それこそ、あなたがたにふさわしい礼拝です。」

ここで「あなたがたのからだ」をささげよと命じられます。私たちの存在の全体、私たちの生活の全体、私たちの生涯の全体をもっての主なる神への礼拝への招きです。私たちの生涯のすべての日が、神をほめたたえ、神の栄光をあらわし、神を喜ぶことへと方向づけられた礼拝の生涯であり、そのような全生涯を挙げての礼拝的な人生を鮮やかに表しているのが、主の日の公同礼拝です。

しかしこのことは、私たちが皆、日々の労働や社会で果たすべき責任を捨てて、ひたすら隠遁生活を送ることを意味してはいません。私たちが与えられた召命に従って、毎日の職場、学校、家庭、地域で責任を果たして生きる営みは、「わたしの内で御霊を通して主に働いていただ」いていることの現れです。私たちは聖霊をうちに宿す者として、どこにあっても、食べるにも飲むにも、神の栄光をあらわす礼拝的な存在として生かされているのです。

こうして私たちは、自分自身の人生が、もはや自分自身のものでなく、その主導権を神が握っておられ、内に住んでおられる御霊によって導かれている人生であることを覚えるためにも、安息の恵みを通して「邪悪な行いを休」まなければなりません。休むことなく働き続けることは、神が与えてくださった安息を侵し、自分自身の生きる目的を見失わせるばかりか、働くこと自体を偶像化することとさえなり得るのです。休みなく働き続けなければならない過酷な労働環境も、神が私たちに与えてくださった心とからだの健康を奪い、人間性を失わせるものになりかねません。自分自身の安息を守るとともに、他者の安息を守ることにも努力も払う必要があるでしょう。

神の御前に安息を得ることは、怠惰の中に安逸を貪ることから、また休むことができずに疲労困憊しながら働き続けことから、私たちを守ってくれる大切な戒めです。それによって私たちは神の祝福のもとで生きる最も人間らしい生き方、礼拝的な人生を回復させられるのです。それは、いまだこの地上にありつつも、すでに「永遠の安息をこの生涯において始めるようになる、ということ」と信仰問答は教えます。

天の御国での永遠の祝福に憧れながら、その前味としてのこの地上の日々を生きる私たちの生涯そのものが、主なる神へと向けられた日々であり続けることができるように、主の日ごとに共に集まって礼拝をささげ、主からの安息と養いをいただき、そこから遣わされていく場所で、主を礼拝しつつ生きる生涯を送らせていただきましょう。

四五　尊敬と崇拝

①父母を敬うこと

第三九主日は、十戒の第五戒を扱います。

問一〇四　第五戒で、神は何を望んでおられますか。

答　わたしがわたしの父や母、またすべてわたしの上に立てられた人々に、あらゆる敬意と愛と誠実とを示し、すべてのよい教えや懲《こ》らしめにはふさわしい従順をもって服従し、彼らの欠けをさえ忍耐すべきである、ということです。なぜなら、神は彼らの手を通して、わたしたちを治めようとなさるからです。

これは出エジプト記二〇章一二節の「あなたの父と母を敬え。あなたの神、主が与えようとしているその土地で、あなたの日々が長く続くようにするためである」との戒めを説くところです。

これまで学んできたように、十戒は前半の四つが主なる神に対する人間のあり方を、後半の六つが主なる神にあっての人間同士のあり方を教えています。その後半の最初に置かれているのが、この「あなたの父と母を敬え」という親に対する尊敬、敬愛の教えであることから、人と人との関わりの基本的なあり方がここに示されていることがわかるでしょう。

しかも第一〇四問は、第四戒を親子の関係に限定せず、「わたしの父や母、またすべてわたしの上に立てられた人々に、あらゆる敬意と愛と誠実とを示し、すべてのよい教えや懲らしめにはふさわしい従順をもって服従し、彼らの欠けをさえ忍耐すべきである」として、広く他者との交わりに及ぶものとして理解しています。

その中でも、特に注目したいのが、「上に立てられた人」として年長者、目上の人全般とともに、世俗の権威者、政治的な統治者との関わりを述べている点です。

ローマ人への手紙一三章一節は、信仰者が世俗の権威や統治者に対してどのような態度であるべきかを教える重要な御言葉です。

「人はみな、上に立つ権威に従うべきです。神によらない権威はなく、存在している権威はすべて、神によって立てられているからです。」

同じような趣旨で、パウロはテモテへの手紙第一、二章一節でもこう言っています。

「すべての人のために、王たちと高い地位にあるすべての人のために願い、祈り、とりなし、感謝をささげなさい。」

神が立てられた権威に従うことは、初代教会以来、重んじられてきた社会における基本的な態度であり、十戒においても、すでに第三戒でこの点を確認してきました。その上で、この第五戒でも世俗の権威に対する態度への言及がなされている意味を、よく受け取っておきたいと思うのです。

②敬意、愛、誠実、従順、忍耐

ローマ人への手紙一三章七節でも、次のように言われています。

「すべての人に対して義務を果たしなさい。税金を納めるべき人には税金を納め、関税を納めるべき人には関税を納め、恐れるべき人を恐れ、敬うべき人を敬いなさい。」

ここには「すべての人に対して義務を果たす」という文脈で、特に為政者に対する基本的な態度が教えられ、そこでは特に「恐れること」と「敬うこと」が命じられています。

第一〇四問では、「あらゆる敬意と愛と誠実とを示し、すべてのよい教えや懲らしめにはふさわしい従順をもって服従し、彼らの欠けをさえ忍耐すべきである」と教えられていました。

主なる神がこの地上に与えてくださった多くの恵みの中には、国家や世俗の権威も含まれています。したがってそれらを尊重し、その権威を認めることは神の御心にかなった態度でしょう。主なる神は、罪ある不完全な人間たちの営みを通してでも、この社会の維持と統治のために世俗の権威を立て、司法、立法、行政、経済、教育、福祉など、あらゆる働きを通してご自身の御心をあらわし、神を知らぬ者たちを通してでも御心を果たされるお方です。それゆえに「彼らの欠けをさえ忍耐すべきである」とさえ教えられるのです。

③ 尊敬と崇拝

ハイデルベルク信仰問答は、第五戒の「父母を敬え」との戒めを、「すべてわたしの上に立てられた人々」に対する態度についての戒めと受け取りました。それは一六世紀の歴史的文脈においては、両親以外の、町や村の長老、領主、教会の指導者たち、そして王ということであったでしょうし、今日における私たちの日常の関わりでいえば、会社の上司、学校の先生といった身近なところから、国の為政者たちまで、その人間関係の広がりに応じたさまざまな関わりを含むものでしょう。

特にここで確認したいのは、国家の為政者を代表とする世俗の権威を持つ人々との関係です。第五戒も、先に挙げたローマ人への手紙一三章も、時代の中で時に、為政者に対する絶対的な服従を根拠づけるものとして用いられてきました。しかしこれらの御言葉が教えることは、権威を持つ者たちの神格化や、無批判で絶対的な権威への服従を教えるものではありません。私たちが上に立つ権威を尊び、従うのは、彼らが神に立てられて神の御心を行っているときに限って、という「限界設定」があるのです。

共産主義下のチェコスロバキア出身で、スイスのバーゼル大学で教えた神学者ヤン・ミリチ・ロッホマンは、十戒の第五戒について、これは敬愛の教えであって崇拝の教えではないとの重要な指摘をしています。彼は祖国の共産主義化の中で、万民の平等を謳《うた》った共産主義が、結局は政治的指導者や国家元首に対する個人崇拝に陥ることを鋭く見抜いていました。

古くから現代に至るまで、独裁的な政治体制のもとでは、絶えずこのような権力者の神格化と崇拝の強制がくり返されてきたことを忘れることはできません。特に私たちの国では、かつて天皇を現人神として天皇崇拝、神社参拝を国民儀礼として強制し、教会もまたこれに順応していくという罪を犯しました。そして今日、天皇の神格化や国家神道の復古を目論む動きが活発化しています。

そのような中で、「尊敬」と「崇拝」をきちんと峻別し、上に立てられた権威を敬いつつも、それが自らへの崇拝を求めるときには、ハッキリと「否」と言うことのできる信仰の態度を養うことはとても大切です。父母への敬愛を教える第五戒は、崇拝されるべきお方はまことの神以外にはないと教える第一戒と深く結び合っています。それゆえに、「敬愛」と「崇拝」を混同したり、入れ替えたりすることは、十戒に込められた主なる神の御心を損なうものです。私たちは、神を神とするからこそ、そのもとでの隣人を敬い、愛し、誠実を尽くし、従順に、忍耐強く上に立つ権威に従いながら、主の御心をこの地上に証ししていくのであって、そこに愛する隣人との豊かな交わりが作り上げられていくことを覚えたいのです。

第四〇主日　第一〇五問〜第一〇七問

四六　報復を越えて

①「殺してはならない」の視野

第四〇主日は、「殺してはならない」と命じる十戒の第六戒を説き明かすところです。

問一〇五 第六戒で、神は何を望んでおられますか。

答 わたしが、思いにより、言葉や態度により、ましてや行為によって、わたしの隣人を、自分自らまたは他人を通して、そしったり、憎んだり、侮辱したり、殺してはならないこと。かえってあらゆる復讐心を捨て去ること。さらに、自分自身を傷つけたり、自ら危険を冒すべきではない、ということです。そういうわけで、権威者もまた、殺人を防ぐために剣《つるぎ》を帯びているのです。

「殺してはならない」という戒めは、私たち人間同士が共に生きるための最も根本的な戒めです。しかしながら、その戒めが至るところで破られているという現実を、私たちは認めざるを得ません。日々、新聞やニュースに事件、事故の記事があふれ、国の内外でも殺人、テロ、戦争の報道、死刑をめぐる問題、出生前診断や脳死、安楽死などの医療倫理の問題、そして過労死や自死、虐待など、いのちの尊厳が傷つけられる問題が社会全体に広がっています。

こうしてみると、「殺してはならない」の戒めの視野は実に奥深く、幅広いものであることにあらためて気づかされ、聖書が見つめる「いのちの尊厳」へのまなざしに、深く教えられるのです。

創世記九章六節には次のように記されます。

「人の血を流す者は、人によって血を流される。神は人を神のかたちとして造ったからである。」

人は神のかたちに造られている。ここに人のいのちの尊厳の根源があります。神のかたちに造られているがゆえに、このいのちはいかなる理由によっても奪い去ることが許されない。ここに時代がどれほど移り変わり、いのちをめぐる倫理的な課題が複雑化したとしても、変わることのない「殺してはならない」の根拠があるのです。

②隠れた殺人

第六戒は、私たちを取り巻く社会の課題としてきわめて今日的なものですが、それだけでなく、私たちが決して自分を除外できない戒めであることを、続く第一〇六問が示しています。それは私たちがこの戒めの前を簡単に通り過ぎることを許さず、むしろ引き留め、その心の深いところを探ってくるものです。

問一〇六　しかし、この戒めは、殺すことについてだけ、語っているのではありませんか。

答 神が、殺人の禁止を通して、わたしたちに教えようとしておられるのは、御自身が、ねたみ、憎しみ、怒り、復讐心のような殺人の根を憎んでおられること。またすべてそのようなことは、この方の前では一種の隠れた殺人である、ということです。

私が心の内に抱く「ねたみ、憎しみ、怒り、復讐心」。それを第一〇六問は「殺人の根」であり、「一種の隠れた殺人である」と指摘します。私にとって第六戒は無縁だと考える人も、あらためて心の内側を探られるときに、いやがうえにも自分自身の罪を問われるのです。

私たちはしばしば罪の問題を、外面に表れた行為としてとらえるのですが、外面に表れてからでは遅すぎるのが第六戒が禁じる罪です。むしろそれが行為になって外側に表れる前に、未然に防がなければならない。そのためには、私たちの心の内に沸々と沸き上がってくる「ねたみ、憎しみ、怒り、復讐心」を正しく解決し、処理しなければならないのです。

③　**報復を越えて**

ローマ人への手紙一二章一九～二一節には、次のように記されています。

「愛する者たち、自分で復讐してはいけません。神の怒りにゆだねなさい。こう書かれているからです。『復讐はわたしのもの。わたしが報復する。』主はそう言われます。次のようにも書かれています。『もしあなたの敵が飢えているなら食べさせ、渇いているなら飲ませよ。なぜなら、こうしてあなたは彼の頭上に燃える炭火を積むことになるからだ。』」

ここには私たちの心に芽生える「隠れた殺人」の芽を摘み取り、報復の連鎖を断ち切る大切な教えが示されています。第一〇七問も次のように教えます。

問一〇七　しかし、わたしたちが自分の隣人をそのようにして殺さなければ、それで十分なのですか。

答　いいえ。神はそこにおいて、ねたみ、憎しみ、怒りを断罪しておられるのですから、この方がわたしたちに求めておられるのは、わたしたちが自分の隣人を自分自身のように愛し、忍耐、平和、寛容、慈愛、親切を示し、その人への危害をできうる限り防ぎ、わたしたちの敵に対してさえ善を行う、ということなのです。

「殺してはならない」の戒めは、私たちにねたみ、憎しみ、怒り、復讐心を乗り越えることを求めます。そしてその方法を「怒りを神に任せよ」と言うのです。そして怒りを神に任せたならば、むしろ敵に善を行うことで敵意を無力化し、報復の連鎖を断ち切れと言うのです。善をもって悪に打ち勝つ。これが本当の勝利だと言っています。

これまで長い間、世界は報復の連鎖の中に置かれてきました。その一つの象徴的な出来事が、米国の九・一一同時多発テロ事件であり、その後のイラク戦争、そして今に続く中東を中心とした各地でのテロ事件です。さまざまな紛争、対立、テロを通して、報復によって解決がもたらされることはなく、むしろ泥沼の報復の連鎖が続くことを私たちは目の当たりにしてきました。

にもかかわらず、今日、私たちの国は、憲法九条を変えて、軍事力による報復の連鎖の中に進んで入っていこうとさえしています。そのような中で、私たちは今、あらためて聖書が「復讐は神のすること」と教えている意味を深くとらえることが必要なのではないでしょうか。

そして、「この方がわたしたちに求めておられるのは、わたしたちが自分の隣人を自分自身にように愛し、忍耐、平和、寛容、慈愛、親切を示し、その人への危害をできうる限り防ぎ、わたしたちの敵にさえ善を行う、ということなのです」との信仰問答の教えを、聖書から導き出される正しい帰結として十分に受け取りたいと願うのです。

第四一主日　第一〇八問〜第一〇九問

四七　聖霊の宮として生きる

①姦淫してはならない

第四一主日では十戒の第七戒、「姦淫してはならない」との戒めが説き明かされます。第一〇八問を読みます。

問一〇八　第七戒は、何を求めていますか。

答　すべてみだらなことは神に呪われるということ。それゆえ、わたしたちはそれを心から憎み、神聖な結婚生活においてもそれ以外の場合においても、純潔で慎み深く生きるべきである、ということです。

この戒めは、それぞれの時代の中でその適用される範囲が狭められたり、広げられたりしてきたものです。この戒めを狭く限定する人々は、これが結婚している男女の不貞について定められたものであり、それ以外のことに広げて考えるべきではないと言います。けれども第一〇八問はこれを広くとらえ、「すべてみだらなことは神に呪われる」と厳しいことばで教えています。

今の社会は、結婚関係を破ることへの安易な迎合、性的な倫理の混乱が行き着くところにまで至ってしまっています。性を安易な売り物にする産業とその背後にある貧困や搾取の問題、あからさまで歪んだ性情報の氾濫、卑劣な性暴力、性犯罪の増大、それらは歯止めがかかりません。聖書は「性」を尊重し、それゆえに結婚における性の交わりの祝福も教えています。神が人間に与えられた性の交わりは、本来互いを尊敬し、信頼し合う最も深い関係である夫婦の交わりの中に与えられたものでした。ですからそれを破る交わりは、神にのろわれるものであると教えられています。

さらに第一〇八問は、「神聖な結婚生活においてもそれ以外の場合においても」と語って、これが結婚生活と独身生活における戒めであることに注意を促し、そこで求められる生き方を「純潔」と「慎み深さ」と言い表すのです。コリント人への手紙第一、六章一九、二〇節には次のように記されます。

「あなたがたは知らないのですか。あなたがたのからだは、あなたがたのうちにおられる、神から受けた聖霊の宮であり、あなたがたはもはや自分自身のものではありません。あなたがたは、代価を払って買い取られたのです。ですから、自分のからだをもって神の栄光を現しなさい。」

当時のコリント教会の人々は、「救い」の問題を単に魂のことに限定する過ちを犯し、自由と放縦を取り違えるという過ちにも陥っていました。それはまた今日の、私たちの課題でもあるでしょう。

しかし、私たちに与えられた救いは魂に関するのみならず、からだの救いでもあるのであって、救われた私たちは自らの魂だけでなく、からだをも神の御前に差し出して生きる者とされているのです。

②聖霊の宮として生きる

そこで続く第一〇九問を読みましょう。

問一〇九　神はこの戒めで、姦淫とそのような汚らわしいこと以外は禁じておられないのですか。

答　わたしたちの体と魂とは共に聖霊の宮です。ですから、この方はわたしたちがそれら二つを、清く聖なるものとして保つことを望んでおられます。それゆえ、あらゆるみだらな行い、態度、言葉、思い、欲望、またおよそ人をそれらに誘うおそれのある事柄を禁じておられるのです。

この問答は、先のコリント人への手紙第一の御言葉に聞きつつ、私たちがすでに主イエス・キリストのものとされているという「唯一の慰め」の中に生きる生が、聖霊の宮として生きることに繋がっている事実を示しています。

そこでは「自分のからだは自分のものだ。これをどう扱おうと自分の勝手ではないか」との主張は成り立ちません。キリストの尊い十字架の血潮によって贖い取られ、聖霊の宮とされた私たちは、それゆえに自分のからだと魂に対する所有権をもはや主張することはできず、かえってこれを聖霊の宮とし「清く聖なるものとして保つ」ようにと期待されているのです。

③ 聖霊に信頼しつつ生きる

たしかに私たちの中にある罪の残滓《ざんし》は、私たちを罪の誘惑へと誘います。結婚する以前でも以後でも、性的な誘惑の大きくまた深刻なことは言うまでもありません。しかし私たちはそこで性を嫌悪し、罪悪視するような誤った純潔主義や、性的な罪との戦いに最初から負けを認めてしまうような敗北主義、あるいは罪を犯すことへの開き直りや、聖書の教えとこの世の基準を使い分けて生きていくような信仰と生活の二元化に陥ることのないようにしたいと思います。

むしろ義認と聖化の恵みを覚えつつ、主イエスの御霊が私の中で日々に成し遂げてくださる全人的な聖化の歩みに信頼し、それを支えてくださる聖霊の恵みにいよいよ信頼しながら、赦しの励ましの中を進んでいきたいと願うのです。

性は本来、神から与えられた人間の尊厳と結びついており、男女の性の交わりもまた、神が結婚にともなう祝福として与えてくださったものです。そしてこれが祝福となるか、のろいとなるかは、この性の交わりが用いられる関係と、それが向かう目標によって決定されていきます。夫婦の交わりにおいても、そこに互いへの愛と敬いがなければ、それは喜びどころか一方的な暴力となり得るものです。むしろ神にあって互いを愛し、いたわり、敬い、受け入れ合うときに、性の交わりは大きな喜びと祝福をもたらすものとなるでしょう。

私たちは「姦淫するな」の戒めを、むしろ神が私たちを祝福してくださるためのものとして、聖霊に信頼しつつ、愛と慎みをもって生きるものでありたいと願います。

第四二主日　第一一〇問～第一一一問

四八　隣人の益のために

①「盗むな」の射程

第四二主日が扱うのは、十戒の第八戒、「盗んではならない」との戒めです。私たちが陥る罪の問題の中で最も身近なもの、それが「盗み」に関する罪であると言えるでしょう。第一一〇問には次のように記されます。

問一一〇　第八戒で、神は何を禁じておられますか。

答　神は権威者が罰するような盗みや略奪を禁じておられるのみならず、暴力によって、または不正な重《おも》り、物差し、升《ます》、商品、貨幣、利息のような合法的な見せかけによって、あるいは神が禁じている何らかの手段によって、わたしたちが自分の隣人の財産を自らのものにしようとするあらゆる邪悪な行為または企てをも、盗みと呼ばれるのです。さらに、あらゆる貪欲や神の賜物の不必要な浪費も禁じておられます。

私たちの生きている社会を見渡してみると、すべての物事を決める価値観が「お金」であるという「マモン」信仰が蔓延しています。あらゆるものがお金に換算され、損得勘定で計算され、値踏みされる。人々はお金に縛られ、翻弄され、支配されてしまっているようです。

しかし、それらは今に始まったことではないことにも気づかされます。今日の旧約聖書学の検討によって、旧約の時代にも違法な高利貸しや不正な商取引、品質の詐称や違法な取り立てなどがあったことが明らかにされていますし、第一一〇問の説き明かしを見ると、宗教改革の時代にも、経済をめぐるさまざまな罪の問題が後を絶たなかったのだろうと想像できます。

元来、第八戒は「人を盗むこと」すなわち誘拐の禁止を指していたとも指摘されます。

出エジプト記二一章一六節に「人を誘拐した者は、その人を売った場合も、自分の手もとに置いている場合も、必ず殺されなければならない」とあるように、人を誘拐して奴隷とすることの禁止がこの戒めの原意だとされ、それによって第八戒はそもそも十戒の与えられた文脈とも繋がってくるのです。

十戒の序文である二〇章二節に、「わたしは、あなたをエジプトの地、奴隷の家から導き出したあなたの神、主である」とあるように、イスラエルの主なる神は、ご自身の民を奴隷状態から解き放つ自由と解放の神であり、イスラエルはまさに奴隷の状態から神によって贖い出されて自由を得た民でした。それゆえに、自らがかつて置かれたのと同じ境遇に、他人を置くようなことに荷担してはならないと戒められているのだ、と言われます。

このように、自らが神によって自由とされた者であるがゆえに、盗んではならない。他者の自由を奪ったり、これを制限したり、暴力や経済的な不正によって、また合法的と見せかけたいかなる方法によっても、他者とその所有を自らのものとしてはならないと教えられているのです。

② 隣人の益のために

「盗むな」との戒めは、他の戒めがそうであったように、単なる禁止の命令にとどまらない、より積極的な意味をも私たちに伝えています。その心を説く第一一一問を見ましょう。

問一一一　それでは、この戒めで、神は何をあなたに命じておられるのですか。

答　わたしが、自分になしうる限り、わたしの隣人の利益を促進し、わたしが人にしてもらいたいと思うことをその人に対しても行い、わたしが誠実に働いて、困窮の中にいる貧しい人々を助けることです。

ここでは「盗むな」との戒めに従って生きる道は、単に盗みを働かないというだけでなく、より積極的には、神の自由なる恵みに応答しつつ、隣人への愛に生きる生き方であると教えられています。

ガラテヤ人への手紙六章九、一〇節にこうあります。

「失望せずに善を行いましょう。あきらめずに続ければ、時が来て刈り取ることになります。ですから、私たちは機会があるうちに、すべての人に、特に信仰の家族に善を行いましょう。」

第一一一問が「盗むな」という戒めの心を説くにあたり、その証拠聖句としてこの御言葉を引くのは意義深いことです。私たちは単に他人のモノを盗まない、という生き方をすればよいというのではない。むしろ自らの手の働きによって得た報酬を、善のために用いる生き方への変革、自分を富ませるだけの経済活動としてでなくではなく、隣人を生かしていくための新しい経済のあり方への変革に導かれているのです。

ここに神の国の新しい経済倫理があると言えるでしょう。それはだれかに強制されての生き方ではなく、神の自由なる恵みに応答しての、私たちの自由なる感謝としての生き方です。かつて奴隷であった者が解法され、自由にされた。その喜びを知るがゆえに与えられる新しい生き方です。

迫害下にあった初代教会は、教会の仕え人たちの経済的援助、やもめや孤児の支援、病人や障害者への援助、囚人や鉱山労働者の支援。貧者や行き倒れの人々の保護、奴隷の支援と解放のための資金援助、被災者の救援、旅人のもてなしを一手に引き受けていたと言われます。ローマ教会の執事であったラウレンティウスが、ローマ帝国から教会財産の没収を命じられたとき、「教会財産は貧者のみ」と答えたという逸話も残されています。

教会がこの世のただ中で隣人の益のために生きるとき、そこに神の国の新しい倫理の可能性が開かれていく。そうして、何も持たないような小さな群れであっても、神の国の豊かな価値観を示して生きることができる。この尊い使命をゆだねられていることを覚えて、主の御心に生きる私たちとさせていただきたいと願います。

第四三主日　第一一二問

四九　愛をもって真理を

①偽りの証言をしてはならない

「フェイクニュース」「ポスト・トゥルース」などということばが登場する時代です。嘘がまかり通る社会です。あらゆるところで嘘が重ねられ、いったいだれのことばを信じたらよいのか、人々の間に疑心暗鬼が深まる時代です。平然と嘘をつき、それが嘘だと指摘されても開き直り、いっこうにそれを改めることなく、いつしかそれが事実のようになっていってしまう。恐ろしい時代を迎えています。あらためてことばの真実さ、ことばへの誠実さが問われる時代でもあります。特に「ことば」によって生きる私たちにとって、大きなチャレンジを受ける時代を迎えています。

そのような中で、第四三主日は、十戒の第九戒、「あなたの隣人に対し、偽りの証言をしてはならない」を扱う大切な箇所です。第一一二問を読みましょう。

問一一二 第九戒では、何が求められていますか。

答 わたしが誰に対しても偽りの証言をせず、誰の言葉をも曲げず、陰口や中傷をする者にならず、誰かを調べもせずに軽率に断罪するようなことに手を貸さないこと。かえって、あらゆる嘘やごまかしを、悪魔の業そのものとして神の激しい御怒りのゆえに遠ざけ、裁判やその他のあらゆる取引においては真理を愛し、正直に語りまた告白すること。さらにまた、わたしの隣人の栄誉と威信とをわたしの力の限り守り促進する、ということです。

そもそもこの戒めは、裁判における偽証を禁じるためのものと言われます。今日でいえば、たとえば裁判所や議会に呼び出されて証言を求められる際のことですので、ともすると、私たちの日常生活からは縁遠い特殊なことがらと考えがちです。

しかしこの戒めは、私たちの内側にまで深く入り込んでくる大切な戒めです。宗教改革者ルターは、一五二〇年に著した『善い行いについて』の中で第九戒（ルターの数え方では第八戒）を取り上げ、次のように言います。「この戒めは小さく見えるけれども、もし正しくこれを守ろうとすれば、身体、生命、財産、名誉、友人をはじめ、自分の所有するいっさいのものを賭さねばならないほど大きなものである。しかもその中に含まれているのは舌という一小肢体のわざ以外のものではない」（『ルター著作集第一集第二巻』）。

私たちの日々の生活の中でも、嘘をつく、というこちら側からのことだけでなく、他人からのことばを素直に聞けずにあれこれと邪推したり、曲解したりすること、相手の言い分に丁寧に耳を傾けることをせずに、一方的に決めつけたり、簡単に断罪してしまうことといった受け身の側のこともあるでしょう。

また他人の噂話や中傷、陰口の輪の中に加わって密やかな愉しみを感じること、誇張したことば、知ったかぶりのことば、ごまかしのことばなど、ほんの一言のことばをもってしても罪に陥る恐れをはらんでいるのであり、私たちの内と外の至るところにこの戒めを破る罪への入口があることに気がつかされるのです。

②真実なことばを語る

では、この戒めを守り、ことばの罪を犯さないで生きるためにはどうしたらよいのでしょうか。「口は禍いのもと」ということで、ひたすら口を噤んで沈黙を守ればよいということなのでしょうか。信仰問答は禁止の戒めの持つ能動的、積極的な意図を次のように説き明かしています。「あらゆる嘘やごまかしを、悪魔の業そのものとして神の激しい御怒りのゆえに遠ざけ、裁判やその他のあらゆる取引においては真理を愛し、正直に語りまた告白すること。さらにまた、わたしの隣人の栄誉と威信とをわたしの力の限り守り促進する、ということです。」

ここでは、ことばの罪を犯さないことが、「真理を愛し、正直に語りまた告白すること」と言われ、また「わたしの隣人の栄誉と威信とをわたしの力の限り守り促進する」と言われています。そこで覚えたいのが、エペソ人への手紙四章二五節の御言葉です。

「ですから、あなたがたは偽りを捨て、それぞれ隣人に対して真実を語りなさい。私たちは互いに、からだの一部分なのです。」

さらに、これとあわせて覚えたいのは、同じくエペソ四章一五節にある「愛をもって真理を語り」との御言葉です。すでに主イエス・キリストの十字架の贖いによって救い出され、神に背を向け、隣人を顧みることのなかった自己中心の罪から解き放たれて、神の子としての自由と特権を与えられた私たちは、この自由をもって神を愛し、隣人を愛して生きるようにと召されています。

それで第一一二問の終わりに「わたしの隣人の栄誉と威信とをわたしの力の限り守り促進する」と記され、また第五戒を説いた第一〇七問でも、「わたしたちが自分の隣人を自分自身のように愛し、忍耐、平和、寛容、慈愛、親切を示し、その人への危害をできうる限り防ぎ、わたしたちの敵にさえ善を行う」と教えられ、第一一一問では「わたしが、自分になしうる限り、わたしの隣人の利益を促進」すると教えられていたのです。

こうして私たちは、隣人に対して「偽証をしない」という消極的なあり方から一歩踏み出して、「偽りを捨て、おのおの隣人に対して真実を語る」という積極的な生き方、隣人の栄誉と威信の促進を目指した「愛をもって真理を語る」という生き方へと導かれていくのです。

聖書は、いのちのことばの持つ力を存分に私たちに伝えます。けれどもそれと同時に、私たちの操ることばがどれほどに人を傷つけ、打ち倒し、時にはそのいのちを奪うかということについても注意を促しています。そのようなことばの力を知るからこそ、私たちは人を傷つけることば、否定することば、打ち倒すことばではなく、むしろ人を励まし、人を立たせ、人を慰め、人を建て上げ、人を生かすことばを与えられたいと願います。

それとともに、私たちは真実なことば、真理のことばを語る者として召されていることも忘れてならないでしょう。どれほど慰めや励ましの響きを持つことばであっても、真理が曲げられてしまっては、真実なことばとはなり得ません。曲がった時代にあってまっすぐに真理を説き明かし、真実なことばを語り続けるキリスト者、教会であることを主は私たちに願っておられます。

③愛をもって真理を

その上で、私たちは「愛をもって」真理を語ることの大切さを覚えたいと思います。愛の伴わない真理のことばは、人を罪へと断罪するだけの律法のことばに変化しがちです。いくらそれが正論であっても、そこに相手に対する愛がなければ、その真理は相手に伝わることがなく、ただ自分の正義感をもって相手を断罪したり、裁いたりするだけのものとなってしまうでしょう。

むしろ愛をもって真理が語られることこそが、人を真に自由なる者として神への感謝と隣人への奉仕に生きる道に立たせるのです。

「真理は、つねに、いつでも具体的な状況において、当惑している隣人の事情を考えて探求され、証言されるもの」であり、「愛へと向かう方向づけの中に在……る」（ヤン・ミリチ・ロッホマン『自由の道しるべ』）と言われます。真理というものが、どのような状況においても変わることのない普遍的な性質を持つのに対し、愛はきわめて具体的・個別的なものであり、その時々の状況や相手によって、さまざまなかたちを変化させることがあります。聖書が「愛をもって真理を語れ」と言うときに、それは決して真理を蔑ろにしてよいとか、事柄を曖昧にしてよいとか、聖書の基準を相対化してしまってよいということを意味してはいません。けれども、「真理」というものを硬直化した剣のように振りかざし、一人一人の置かれた場と状況を丁寧に見ることなく、それで断罪するならば、この戒めに込められた心は全うされることはありません。

信仰の洞察をもって事柄の本質をしっかりと見つめ、吟味しつつ、その隣人にふさわしい仕方で愛をもって真理を語り、隣人を建て上げていく。そのようにして隣人の栄誉と威信を力の限り守り促進することへと進ませていただきたいと願います。

第四四主日　第一一三問～第一一五問

五〇　義を慕い求めて

①むさぼりの罪

第四四主日では、十戒の最後の戒めである「あなたの隣人の家を欲しがってはならない」が取り上げられます。第一一三問を読みましょう。

問一一三　第十戒では、何が求められていますか。

答　神の戒めのどれか一つにでも逆らうようなほんのささいな欲望や思いも、もはや決してわたしたちの心に入り込ませないようにするということ。かえって、わたしたちが、あらゆる罪には心から絶えず敵対し、あらゆる義を慕い求めるようになる、ということです。

隣人の家をむさぼる罪について、出エジプト記二〇章一七節は次のように語っています。「あなたの隣人の家を欲してはならない。あなたの隣人の妻、男奴隷、女奴隷、牛、ろば、すべてあなたの隣人のものを欲してはならない。」

この戒めは、私たちの心の内側に奥深く潜む欲深さ、むさぼりの罪の性質をあらわにするものです。殺人や姦淫、盗みの禁止の戒めの前では自らの正しさを主張することができたとしても、しかしこの最後の戒めにおいては、私たちは自らの貪欲さと直面させられることになるのです。

十戒の第一戒、「あなたには、わたし以外に、ほかの神があってはならない」を、第九四問は「唯一のまことの神を正しく知り、この方にのみ信頼し、謙遜と忍耐の限りを尽くして、この方にのみすべてのよきものを期待し、真心からこの方を愛し、畏れ敬うことです」と説き明かしました。そして第十戒では、私たちにむさぼりの罪を禁じるにあたって、真の神礼拝を離れて「モノ」や「カネ」を偶像化していこうとする人間の内面の罪を示すことによって、もう一度私たちを新しく第一の戒めへと向かわせようとしているのです。

隣人の家を欲すること、それは単に隣人の所有物や財産にとどまらず、「隣人の妻」に代表される人間関係や暮らし向きの全般をも含み込んでいます。そして、それらを欲する思いが頭をもたげてくるのは、私たちの中に自分自身の生活への満足が消え失せて、隣人の幸せに対する羨みや妬みが生じてくるときなのです。

私たちの置かれている世界は、一方ではその日一日を生き延びるために必要な食物すら十分でなく、飢えと貧困にあえぐ大多数の人々と、必要以上のモノにあふれかえっていながら、なお満ち足りることができず、飽くなき欲望に突き進む少数の人々という二つの世界に引き裂かれています。私たちも満ち足りることを忘れて、いつもどこかにまだ足りない、まだ十分でない、という焦りにも似た感覚を駆り立てられて日々を過ごしているのではないでしょうか。

②義を慕い求めよ

第十戒が私たちに求めている生き方とは、いったいどのようなものなのでしょうか。第一一三問は、隣人の家や妻、暮らし向きを慕い求める心ではなく、そのような罪の思いに敵対し、むしろ「あらゆる義を慕い求めるよう」にと教えます。

「慕い求める」ということばは、大変強い願いを込めたことばです。あえて言えば「貪欲に求める」とさえ表現してもよいでしょう。隣人の家、この地上での暮らし向きに対する貪欲、あらゆるものを所有することへの貪欲ではなく、神にある「あらゆる義」に対して貪欲であるように、と言うのです。

罪を求める生き方から、「義を慕い求める」生き方への転換こそが、キリストにあって私たちに与えられている新しい生き方です。自らが不義で罪ある者であったにもかかわらず、主イエス・キリストの十字架の贖いによって今や恵みにより信仰によって義なる者とされている。この義認の恵みがあってはじめて私たちは、そこにハイデルベルク信仰問答の第一問のいう「キリストのものとされている」という慰めを、その生と死を貫く唯一で確かな拠り所として得ることができるでしょう。

こうして私たちは、神の御前に罪を赦され、義とされた者として、いよいよ義を慕い求める者へと変えられ続け、前進させられていく。これは今、私たちの内に住んでおられる聖霊なる神の働きによるものです。

私たちがキリストのものとされていることに生と死における唯一の慰めを見いだしたとき、私たちは本当の意味での生きること、生かされていることへの深い満足にあふれることができ、私たちはむさぼりの罪から次第に自由にされていくことができる。十戒とは、このように主イエス・キリストにある救いの恵みの事実を見つめさせることによって、私たちを罪の誘惑から解き放ち、自由な者として生きる道に立たせる新しい戒めなのです。

五一　罪との戦いの勝利

①罪との戦いの生

第九二問から第一一三問にかけて十戒が説き明かされたのに続いて、第一一四問と第一一五問はハイデルベルク信仰問答の十戒論のまとめの箇所です。ここにはこの信仰問答の律法の理解が最も鮮やかに現れており、救われてなお罪との戦いの中に生きる信仰者たちの現実と、そこに対する慰めと励ましに満ちた教えが語られている大変重要な箇所です。

問一一四　それでは、神へと立ち返った人たちは、このような戒めを完全に守ることができるのですか。

答　いいえ。それどころか最も聖なる人々でさえ、この世にある間は、この服従をわずかばかり始めたにすぎません。とは言え、その人たちは、真剣な決意をもって、神の戒めのあるものだけではなくそのすべてに従って、現に生き始めているのです。

十戒の一つ一つの戒めの意味が説かれたのに続いて、ここでは「神へと立ち返った人たち」に向けて、「このような戒めを完全に守ることができるか」と問います。ところが、これに対する答えは「いいえ。それどころか最も聖なる人々でさえ、この世にある間は、この服従をわずかばかり始めたにすぎません」と、私たちからすると残念なことばとなっています。

せっかく神へと立ち返った者たちが新しい戒めに生きようとするのに、どうしてその出鼻を挫くようなことが言われるのか。それは、私たちのうちに残る肉なる人、古い人の罪の残滓との、深刻で生々しい戦いの現実があることを教えるためです。私たちはすでに主にあって義なる者とされているのですが、しかしなおこの地上にあっては罪との戦いが続いており、律法への服従を「わずかばかり始めたにすぎません」。

しかし、だからといって、私たちは罪との戦いを放棄して「どうせ律法を守れはしない」とあきらめてしまうのかといえば、そうではありません。「とは言え、その人たちは、真剣な決意をもって、神の戒めのあるものだけではなくそのすべてに従って、現に生き始めているのです。」

ここで信仰問答が「わずかばかり始めたにすぎません」、「とは言え、……現に生き始めている」と語る二つの側面を心に留めることが重要です。ここでは信仰者の罪の現実に対する二つの誤った態度が退けられているのです。すなわち罪に対して戦うことなく、最初から負けを認めてあきらめてしまう敗北主義的な態度と、罪に対する勝利を過信して、実生活においても罪を犯すことなどないとしてしまう完全主義的な態度です。

しばしばハイデルベルク信仰問答に代表される律法理解、すなわち救われた者の感謝の基準としての律法理解は、後者の完全主義を主張していると理解されることがありました。しかし第一一四問を読むかぎり、そのような理解は一面的であることは明らかです。むしろここには、救われてなお罪と真摯に向き合い、日々悔い改めつつ恵みにすがり、神への服従の生をわずかばかり始めたにすぎないというへりくだりの姿勢と、しかしなお、神の戒めに服従しつつ罪との戦いに果敢に挑んでいくという真剣な決意の姿勢とが表れていると言えるでしょう。

② 義認と聖化の恵み

それにしても、救われた私たちが、それでもなお完全に守ることのできない律法について、これほどに詳細に教えられることには、いったい何の目的や理由があるのか、という問いが残ります。ハイデルベルク信仰問答も、そのような問いが私たちのうちに浮かぶことを十分想定していたのでしょう。続く第一一五問でこのように教えるのです。

問一一五 この世においては、だれも十戒を守ることができないのに、なぜ神はそれほどまで厳しく、わたしたちにそれらを説教させようとなさるのですか。

答 第一に、わたしたちが、全生涯にわたって、わたしたちの罪深い性質を次第次第により深く知り、それだけより熱心に、キリストにある罪の赦しと義を求めるようになるためです。第二に、わたしたちが絶えず励み、神に聖霊の恵みを請うようになり、そうしてわたしたちがこの生涯の後に、完成という目標に達する時まで、次第次第に、いよいよ神のかたちへと新しくされてゆくためです。

ここで教えられているのは、すでに第一部の「人間の悲惨さについて」の箇所で学んだ律法の三用法に関する事柄です。第一一五問で私たちに十戒が与えられた目的が二つ挙げられていますが、一つ目の「わたしたちが、全生涯にわたって、わたしたちの罪深い性質を次第次第により深く知り、それだけより熱心に、キリストにある罪の赦しと義とを求めるようになるため」という目的は、律法の第一用法すなわち教育的用法と呼ばれるもので、私たちに罪を認識させ、キリストの救いを求めさせるためのものです。

そして二つ目の「わたしたちが絶えず励み、神に聖霊の恵みを請うようになり、そうしてわたしたちがこの生涯の後に、完成という目標に達する時まで、次第次第に、いよいよ神のかたちへと新しくされてゆくため」とは、律法の第三用法、つまりハイデルベルク信仰問答や他の改革派系の信仰問答の伝統において最も重視される用法で、聖霊の恵みを信頼しつつ、絶えず感謝のわざに励むための指針としてのものです。

こうして第一一五問は、十戒が今の私たちにとって、罪の赦しと義認、神のかたちへと新しくされていく聖化の道筋に歩ませる重要な戒めであることを教えているのです。

したがって、十戒論の締めくくりの第一一四問と第一一五問は、義認と聖化の教えの総括でもあり、この二つの問答は、前の第六〇問と第七〇問と比較して読むことによって、その意味することを正しく受け取ることができるでしょう。

問六〇　どのようにしてあなたは神の御前で義とされるのですか。

答　ただイエス・キリストを信じる、まことの信仰によってのみです。すなわち、たとえわたしの良心がわたしに向かって、「お前は神の戒めすべてに対して、はなはだしく罪を犯しており、それを何一つ守ったこともなく、今なお絶えずあらゆる悪に傾いている」と責め立てたとしても、神は、わたしのいかなる功績にもよらずただ恵みによって、キリストの完全な償いと義と聖とをわたしに与え、わたしのものとし、あたかもわたしが何一つ罪を犯したことも罪人であったこともなく、キリストがわたしに代わって果された服従をすべてわたし自身が成し遂げたかのようにみなしてくださいます。そして、そうなるのはただ、わたしがこのような恩恵を信仰の心で受け入れる時だけなのです。

問七〇　キリストの血と霊とによって洗われるとは、どういうことですか。

答　それは、十字架上での犠牲においてわたしたちのために流されたキリストの血のゆえに、恵みによって、神から罪の赦しを得る、ということです。さらに、聖霊によって新しくされ、キリストの一部分として聖別される、ということでもあります。それは、わたしたちが次第次第に罪に死に、いっそう敬虔で潔白な生涯を歩むためなのです。

しかも第一一五問において、義認や聖化が、「次第次第に」「より～に」「いよいよ」という表現を用いることで、完成に向かう一連の経過、プロセスとして教えられている点が重要です。義認と聖化の恵みにあずかる信仰者の歩みは、罪との真剣な戦いの生涯であると同時に、「ただ一つのこと、すなわち、うしろのものを忘れ、前のものに向かって身を伸ばし、キリスト・イエスにあって神が上に召してくださるという、その賞をいただくために、目標を目指して走っている」（ピリピ三・一三～一四）とパウロが教えたように、ひたすらに勝利を目指して進む生涯なのです。

祈りについて

第四五主日　第一一六問〜第一一九問

五二　子としての祈り

①感謝としての祈り

これまで、ハイデルベルク信仰問答が説き明かす大きな三つの教え、すなわち私たちがどれほど罪と悲惨の中にあるかを教える第一部、その罪と悲惨から私たちを救い出すために神が何をしてくださったかを教える第二部、そして救われた私たちが神にどのように感謝を表して生きるのかを教える第三部を読み進めてきました。

第三部の中で十戒が説き明かされたのに続いて、いよいよ最後の部分である「主の祈り」の説き明かしに進むことになります。

そこで、第四五主日の第一一六問では、祈りの必要について次のように教えられます。

問一一六　なぜキリスト者には祈りが必要なのですか。

答　なぜなら、祈りは、神がわたしたちにお求めになる感謝の最も重要な部分だからです。また、神が御自分の恵みと聖霊とを与えようとなさるのは、心からの呻《うめ》きをもって絶えずそれらをこの方に請い求め、それらに対してこの方に感謝する人々に対してだけ、だからです。

「祈りは、神がわたしたちにお求めになる感謝の最も重要な部分」と聞いて、多くの人は意外に思うかも入れません。なぜなら多くの場合、私たちにとって「祈り」は「感謝」である以上に「願い」であることが多いからです。

けれども、一一六問は祈りの本質を「感謝」と言い表します。祈り願いながらも、すでにそこで感謝がささげられる。そこではすでに「祈りは聞き届けられている」という確信が先取りされているのだと言えるでしょう。

こちらが願ったとおりになるかどうかだけの基準で祈りの世界を計るなら、感謝は出てきません。むしろ私たちの願いを超えて神の最善がなされると信じるとき、祈りの世界を覆うのは「感謝」以外にありません。

救われた私たちが祈りにおいて神に求めるべき最大のもの、それは聖霊なる神の恵みです。主イエス・キリストの贖いによって義とされた私たちは、今、聖霊の恵みの中に聖化の道を歩んでいます。そして聖霊が私たちのために今のうめきとりなし、また私たちに祈りを教え、私たちを天におられるイエス・キリストへと結び合わせてくださいます。それゆえに、私たちが聖霊を求めて祈るとき、神は私たちに「御自分の恵みと聖霊とを与え」（第一一六問）てくださるのです。

②神に聞かれる祈り

それでは、神に聞かれる祈りとはどのようなものでしょうか。第一一七問を見ましょう。

問一一七　神に喜ばれ、この方に聞いていただけるような祈りには、何が求められますか。

答　第一に、御自身を御言葉においてわたしたちに啓示された唯一のまことの神に対してのみ、この方がわたしたちに求めるようにとお命じになったすべての事柄を、わたしたちが心から請い求める、ということ。第二に、わたしたちが自分の乏しさと悲惨さとを深く悟り、この方の威厳の前にへりくだる、ということ。第三に、わたしたちがそれに値しないにもかかわらず、ただ主キリストのゆえに、この方がわたしたちの祈りを確かに聞き入れてくださるという、揺るがない確信を持つことです。それは、神が御言葉においてわたしたちに約束なさったとおりです。

ここでは、神に喜ばれ、聞き届けられる祈りが、神に対してのみ「心から請い求める」祈りであること、神の「威厳の前にへりくだる」祈りであること、そして神が私たちの祈りを「確かに聞き入れてくださるという、揺るがない確信を持つ」祈りであることと教えられ、これらが「神が御言葉において」約束なさったとおりのことだと言われます。「心から請い求める祈り」。それは私たちにとっての切なる祈りです。聞かれても聞かれなくてもよい、というような曖昧な祈りではありません。むしろ神にすがりつくようにして、執拗に求める祈りです。しかし神が「祈り求めよ」と言ってくださるので、そのような祈りの態度をもって私たちは神の御前に大胆に進み出ることができるのです。

しかし、私たちが祈りの交わりの中に身を置くとき、しばしば自らの罪深さを深く思い知らされるという経験をします。神の前の顔を上げて、あたかもそうする権利があるかのように祈るという態度が取れなくなる。むしろ本来ならば神の御前に進み出ることも、顔を上げることすらもできずに、ただただ「主を、私をあわれんでください」と胸を打ち叩く罪人のように、神の威厳の御前にへりくだる者とされていくでしょう。

しかし、そのような罪の自覚の中でもなお祈り続けることができるのは、神の真実に基づくお約束があるからにほかなりません。ヤコブの手紙一章五、六節に「あなたがたのうちに、知恵に欠けている人がいるなら、その人は、だれにでも惜しみなく、とがめることなく与えてくださる神に求めなさい。そうすれば与えられます。ただし、少しも疑わずに、信じて求めなさい」と勧められるとおりです。

またヨハネの手紙第一、五章一五節に「私たちが願うことは何でも神が聞いてくださると分かるなら、私たちは、神に願い求めたことをすでに手にしていると分かります」と言われたように、私たちは聖霊に信頼しつつ祈るとき、その祈りが確かに聞き届けられているという確信をいただくことができるのです。

③子としての祈り

このような神との祈りの交わりの中で、私たちは何を祈り求めることができるのか、いや、むしろ神は私たちに何を求めるようにと命じておられるのか。これを説くのが、続く第一一八問です。

問一一八　神はわたしたちに、何を求めるようにとお命じになりましたか。

答　霊的また肉体的に必要なすべてのことです。主キリストは、わたしたちに自ら教えられた祈りの中に、それをまとめておられます。

これを受けて続く第一一九問では、イエスが教えてくださった主の祈りが提示されます。

問一一九　主の祈りとはどのようなものですか。

答　天にましますわれらの父よ。ねがわくはみ名をあがめさせたまえ。み国を来らせたまえ。みこころの天になるごとく、地にもなさせたまえ。われらの日用の糧を今日も与えたまえ。われらに罪をおかす者をわれらがゆるすごとく、われらの罪をもゆるしたまえ。われらをこころみにあわせず、悪より救い出したまえ。（国とちからと栄えとは、限りなくなんじのものなればなり。アーメン。）

主の祈りを貫いているものを一言で言い表すなら、それは「子としての祈り」ということです。主の祈りを記すマタイの福音書六章九節では、「天にいます私たちの父よ」と呼びかけられ、同じく主の祈りを記すルカの福音書一一章二節で「父よ」と端的に呼びかけられています。しかもいずれの福音書においても、主の祈りの教えられる文脈では、子が父に求めるものは、父がその願いを聞き届けるということが、祈りの範型となっています。マタイの福音書六章六節では、「あなたが祈るときは、家の奥の自分の部屋に入りなさい。そして戸を閉めて、隠れたところにおられるあなたの父に祈りなさい。そうすれば、隠れたところで見ておられるあなたの父が、あなたに報いてくださいます」と勧められ、八節では、「あなたがたの父は、あなたがたが求める前から、あなたがたに必要なものを知っておられるのです」と勧められています。

また、マタイの福音書七章七～一一節と、ルカの福音書一一章九～一三節では「求めなさい。そうすれば与えられます。探しなさい。そうすれば見出します。たたきなさい。そうすれば開かれます。だれでも、求める者は受け、探す者は見出し、たたく者には開かれます。あなたがたのうちのだれが、自分の子がパンを求めているのに石を与えるでしょうか。魚を求めているのに、蛇を与えるでしょうか。このように、あなたがたは悪い者であっても、自分の子どもたちには良いものを与えることを知っているのです。それならなおのこと、天におられるあなたがたの父は、ご自分に求める者たちに、良いものを与えてくださらないことがあるでしょうか」と教えられています。

このように私たちと神との祈りの交わりは、愛するわが子に良き物を賜る父親との関係になぞらえられており、今や御子イエス・キリスト父なる神を、私たちの父として信頼しながら、「霊的また肉体的に必要なすべてのこと」を率直に言うことができるのです。

④神を父と呼ぶ

神を「父よ」と呼ぶこと。これは決して当たり前のことではありません。たしかに旧約聖書においても主なる神が「父」と呼ばれることはあり、またユダヤ教伝統においてもそのような習慣があったと言われるのですが、しかしそれでも神を「アバ、お父さん」と幼い子どもが呼びかける親しいことばで神を呼ぶことはあり得ませんでした。つまり、ここで主イエスが「父よ」と呼ぶ祈りは、神との新しい関係、神を「お父さん」と呼ぶことのできるような、親密で愛に満ちた交わりの関係を作り上げることばであったのです。

主の祈りが私たちにとっての子としての祈りであることの恵みは、御子イエス・キリストの父なる神を、「私たちの父よ」と呼ぶという驚くべき事実にこそあります。それはただ父なる神の救いの御心によって立てられ、御子イエス・キリストの贖いのゆえに実行され、子としてくださる聖霊によって分け与えられた恵み以外の何ものでもありません。

この救いの御業にゆえに、御子イエス・キリストの父なる神は、我らの父となってくださいました。ガラテヤ人への手紙四章六節が「あなたがたが子であるので、神は『アバ、父よ』と叫ぶ御子の御霊を、私たちの心に遣わされました」と教えるとおりです。

かつては罪と滅びの中にあった私たちが、父なる神の主権的で自由な選びに基づき、御子イエス・キリストの贖いによって罪赦され、義と認められ、聖なるものとされ、聖霊によって子とされた。それゆえに私たちは今、主イエス・キリストの父なる神の御前に大胆に進み出て、このお方を「我らの父よ」「アバ、父よ」と呼ぶことのできる神の子としての身分を与えられているのです。

父なる神は私たちが「お父さん」と呼びかけることを待っていてくださいます。私たちの貧しい口をもって、父に祈り求めることをよしとしてくださり、その交わりを喜びとしていてくださいます。それればかりか、その呼びかけに答えてくださり、私たちの祈りを聞き届けて、私たちの願う以上の恵みを施してくださるお方なのです。

第四六主日　第一二〇問～第一二一問

五三　父の愛を信じて祈ろう

①「父よ」との祈り

第四六主日から、主の祈りの一つ一つの祈りに沿った説き明かしが始まります。第一二〇問には次のように記されます。

問一二〇　なぜキリストはわたしたちに、神に対して「われらの父よ」と呼びかけるようにお命じになったのですか。

答　この方は、わたしたちの祈りのまさに冒頭において、わたしたちの祈りの土台となるべき、神に対する子どものような畏《おそ》れと信頼とを、わたしたちに起こさせようとなさったからです。言い換えれば、神がキリストを通してわたしたちの父となられ、わたしたちの父親がわたしたちに地上のものを拒まないように、ましてや神は、わたしたちが信仰によってこの方に求めるものを拒もうとはなさらない、ということです。

主の祈りの前提は、私たちがいまや御子イエス・キリストによって神の子どもとされており、御父に愛されている子どもとしてささげている祈りであるという事実です。神が私たちの父となってくださったことは、すでに使徒信条の説き明かしにおいて語られています。第二六問では、「**問**『我は天地の造り主、全能の父なる神を信ず』と唱える時、あなたは何を信じているのですか。**答**　天と地とその中にあるすべてのものを無から創造され、それらを永遠の熟慮と摂理とによって今も保ち支配しておられる、わたしたちの主イエス・キリストの永遠の御父が、御子キリストのゆえに、わたしの神またわたしの父であられる、ということです」と言われ、第三三問では「**問**　わたしたちも神の子であるのに、なぜこの方は神の『独り子』と呼ばれるのですか。**答**　なぜなら、キリストだけが永遠からの本来の神の御子だからです。わたしたちはこの方のおかげで、恵みによって神の子とされているのです」と教えられているとおりです。

神が私たちの父となってくださったのは、ヨハネの福音書一章一二節に「しかし、この方を受け入れた人々、すなわち、その名を信じた人々には、神の子どもとなる特権をお与えになった」と語られているように、神が御子イエス・キリストの贖いによって私たちを子としてくださったゆえです。こうして神の子イエス・キリストの父なる神を、今や私たちも「父よ」と呼ぶことのできる関係に入れられていることが、今の私たちに与えられている救いの恵みの表れなのです。

②父の愛を信じて

父が愛する子に与えてくださる良きものを信じて祈ること。それが父の愛を信じて祈る私たちの祈りです。ローマ人への手紙八章三一、三二節には次のように記されています。

「では、これらのことについて、どのように言えるでしょうか。神が私たちの味方であるなら、だれが私たちに敵対できるでしょう。私たちすべてのために、ご自分の御子さえも惜しむことなく死に渡された神が、どうして、御子とともにすべてのものを、私たちに恵んでくださらないことがあるでしょうか。」

ここには「父」ということばは出てきませんが、それに代わって、御父の私たちへの愛の関わりが「私たちの味方」と言い表されています。父なる神の愛、それはどこまでもいつまでも、最後まで私たちの味方でいてくださるということ、たとえサタンがどれほどに私たちを攻撃したとしても、私たちの側について、サタンを打ち破ってくださるということ、私たちを罪の中から贖い出すためには、ご自分の御子をさえ惜しまずに与えてくださることをいとわないほどの愛を表しています。

事実、父なる神は、御子イエス・キリストを私たちに救い主として与えてくださいました。この御子イエス・キリストの救いにあずかった者として、御父の愛を信頼して祈る。これこそが、私たち神の子とされた者たちの祈りの究極の姿なのです。

③天におられる父

問一二一 なぜ「天にまします」と付け加えられているのですか。

答 わたしたちが、神の天上の威厳については何か地上のことを思うことなく、その全能の御性質に対しては体と魂に必要なことすべてを期待するためです。

この点については「天にという語は、私たちが大胆に、人格的にこの父に近づきうるが、自分個人の利益のために、手に入れることのできる神ではないことを明らかにしている」(アンドレ・ペリー『ハイデルベルク信仰問答講解』)と説明されます。

私たちの父なる神は、私たちのどんな小さな祈りをも親しく聞き届けてくださる、「いと近き助け」なるお方です。

また、私たちの父なる神は、天地万物を創造し、これを統べ治めておられる、永遠、無限、普遍なる偉大なるお方でもあられます。

この父なる神の私たちとの間の「近さ」と「遠さ」を、神学の用語では神の「内在性」と「超越性」と表現します。父なる神のこれらの御性質を御言葉に沿って正しく理解することは、私たちの信仰の生活、祈りの生活においてとても大切です。

私たちの父である神が、同時に天におられる神であり、その天におられる超越的な存在である神を、親しく「われらの父よ」とお呼びすることができる。ここに父なる神の私たちに対する愛の御心が明らかにされていると言えるでしょう。

宗教改革者カルヴァンはジュネーヴ教会信仰問答の第二六五問で、父なる神を「天にいます」と呼ぶことの理由を次のように教えました。

「神を呼びまつるとき、このようにして私たちの心を高く挙げることを教えられるのです。すなわち、神を肉的な、あるいは地上的なものと考えず、私たちの尺度に合わせて神を測ることもせず、神を何か卑しいものと理解したり、私たちの意志に従わせて神を引き下げたいと願うことなく、むしろ、畏れと敬いをもって栄光の尊厳を仰ぎ見るように学ぶのです。つまり御旨のままに万物を統べ治めたもう天上の主、また保護者をほめたたえるとき、これは神に対する私たちの信頼を奮い立たせ、かつ堅くせずにおかぬ力を持つのです。」

「天にましますわれらの父よ」と私たちが祈るとき、私たちはこのお方の子どもとしての畏れと敬いの中で親しく神を呼ぶことができ、しかもこのお方が天地万物を創造し、統べ治めておられる創造と摂理の神であると信頼して祈ることができる。ここに主の祈りを祈る幸いがあります。

第四七主日　第一二二問

五四　賛美の人生

①神を正しく知り賛美する

第四七主日、第一二二問では「御名があがめられるように」という賛美と頌栄のことばが説き明かされます。

問一二二　第一の願いは何ですか。

答　「み名をあがめさせたまえ」です。すなわち、第一に、わたしたちが、あなたを正しく知り、あなたの全能、知恵、善、正義、慈愛、真理を照らし出す、そのすべての御業において、あなたを聖なるお方とし、あがめ、讃美できるようにさせてください、ということ。第二に、わたしたちが自分の生活のすべて、すなわち、その思いと言葉と行いを正して、あなたの御名がわたしたちのゆえに汚されることなく、かえってあがめられ讃美されるようにしてください、ということです。

第一二二問は、神を賛美することが、神を正しく知ることと結びついていることを示しています。神に向かって祈り、賛美することばによって、私たちが神をどのように知り、信じているかが明らかにされるのです。

詩篇一四五篇一～七節に次のように歌われています。

「私の神 王よ 私はあなたをあがめます。あなたの御名を 世々限りなくほめたたえます。日ごとにあなたをほめたたえ あなたの御名を世々限りなく賛美します。主は大いなる方。大いに賛美されるべき方。その偉大さは 測り知ることもできません。代は代へと あなたのみわざをほめ歌い あなたの大能のわざを告げ知らせます。私はあなたの主権の栄光の輝き　あなたの奇しいみわざを語り伝えます。人々はあなたの恐ろしいみわざの力を告げ　私はあなたの偉大さを語ります。人々はあなたの豊かないつくしみの思い出を　あふれるばかりに語り　あなたの義を高らかに歌います。」

ここで詩人は、神を王としてあがめ、その偉大さをほめたたえています。その偉大さは「測り知ることもできません」としつつも、それでも「あなたの奇しいみわざを語り伝え」、「あなたの恐ろしいみわざの力を告げ」、「あなたの偉大さを語り」、「あなたの豊かないつくしみの思い出をあふれるばかりに語り」、「あなたの義を高らかに歌います」と言うのです。詩人の賛美は、神を正しく知ることから発せられているのです。

それでは、私たちはどのようにして正しく神を知ることができるのか。宗教改革者ルターが、小教理問答の中でこの祈りを解説して、「神のことばが正しく、純粋に教えられ、私たちもまた神の子らとしてこれに従って正しく生きるところ」と言っています（『エンキリディオン小教理問答』）。

「み名をあがめさせたまえ」との賛美の願いが、神のことばが正しく、純粋に教えられること、すなわち説教と関連した願いでもあるとは新鮮な表現です。そうして私たちが御言葉から正しく教えられるとき、父なる神は私たちに「あなたの全能、知恵、善、正義、慈愛、真理を照らし出す、そのすべての御業において、あなたを聖なるお方とし、あがめ、賛美できるようにさせて」くださるのです。

②賛美の人生

続いて第一二二問は、御名をあがめる祈りの第二の意味を次のように説きます。「第二に、わたしたちが自分の生活のすべて、すなわち、その思いと言葉と行いとを正して、あなたの御名がわたしたちのゆえに汚されることなく、かえってあがめられ賛美されるようにしてください、ということです。」

ここでは神を正しく知ることと神をあがめて生きることが、分かちがたく結び合わされています。私たちが自分自身の生活のすべてを挙げて、思いとことばと行いとを正して神を賛美する。それはまさしく主イエス・キリストの贖いによって作り替えられた「新しい人」である私たちの礼拝的な生活、頌栄的な生活、賛美の人生にほかなりません。

このような生き方について、信仰問答はすでに第九〇問、第九一問では次のように教えていました。

問九〇　新しい人の復活とは何ですか。

答　キリストによって心から神を喜び、また神の御旨に従ったあらゆる善い行いに心を打ち込んで生きる、ということです。

問九一　しかし、善い行いとはどのようなものですか。

答　ただまことの信仰から、神の律法に従い、この方の栄光のために為されるものだけであって、わたしたちがよいと思うことや人間の定めに基づくものではありません。

「み名をあがめさせたまえ」との祈りは、私たちが御子イエス・キリストにより、聖霊によって御言葉を通して神を正しく知り、この神を礼拝することが、私たちの人生そのものであることを教える祈りです。主の日の礼拝を中心としつつ、そこから日々の生活の中へ、そして私たちの地上の生の全領域へと私たちの信仰が押し広げられ、そこにおいて私の生き方そのものをもって神を喜び、神の聖なる御名を賛美し、その御名の栄光を心からほめたたえ喜ぶことこそが、私たちの人生そのものなのです。

私たちが日ごとに主の祈りの中で「み名をあがめさせたまえ」と祈るとき、それはまさしく「私たちに、あなたの御名を聖とさせてください」という祈りに生きることを意味し、それは人々の前で善きわざに励みながら、主の栄光をあらわして生きることを意味しています。主イエスが「このように、あなたがたの光を人々の前で輝かせなさい。人々があなたがたの良い行いを見て、天におられるあなたがたの父をあがめるようになるためです」（マタイ五・一六）と語られ、使徒パウロも「こういうわけで、あなたがたは、食べるにも飲むにも、何をするにも、すべて神の栄光を現すためにしなさい」（Ⅰコリント一〇・三一）と語ったように、私たちは御言葉によって正しく神を知り、全生涯を挙げて御名の栄光をほめたたえながら、賛美の人生を送らせていただきたいと願います。

第四八主日　第一二三問

五五　天を見上げて生きる

①御国を願う祈り

第四八主日は、主の祈りの第二の祈願である「み国を来たらせたまえ」についての説き明かしです。一二三問を読みましょう。

問一二三　第二の願いは何ですか。

答　「み国を来たらせたまえ」です。すなわち、あなたがすべてのすべてとなられる御国の完成に至るまで、わたしたちがいよいよあなたにお従いできますよう、あなたの御言葉と聖霊とによってわたしたちを治めてください、あなたの教会を保ち進展させてください、あなたに逆らい立つ悪魔の業やあらゆる力、あなたの聖なる御言葉に反して考え出されるすべての邪悪な企てを滅ぼしてください、ということです。

「御国が来るように」との祈りは、まことの王なるイエス・キリストのご支配がこの世界のすべてに及ぶようにとの祈りです。主イエス・キリストが宣べ伝えられたのは「神の王国《バシレイア》」の福音でした。神の王国は、主イエスがこの地上にお出でになったことによってすでに始められ、十字架と復活によって実現し、天へと上げられた御子イエス・キリストが再びお出でになる再臨と終末において完成するものです。それゆえに、主の祈りの第二の祈願は、この王なる神の支配の完成を願い求める祈りです。

第一二三問は、この祈りを、「個人・教会・世界」という三つの面でとらえています。一つ目の個人の祈りとしては、「わたしたちがいよいよあなたにお従いできますよう、あなたの御言葉と聖霊とによってわたしたちを治めてください」と言われます。神の王国の進展は、神の民とされた私たちが御言葉と御霊に導かれながら、この地上にあって神の民としての価値観に生きることによって成し遂げられていくのです。

二つ目の教会の祈りとしては、「あなたの教会を保ち進展させてください」と教えられます。神の王国の進展を担う中心的な役割は、神の民の集いである教会にゆだねられています。それは一個の地域教会の進展ということにとどまらず、むしろ公同教会の全体に関わります。私たちが教会としての成長を祈り求めるのは、単に自分たちの群れが大きくなるためではありません。むしろ具体的な時代と場所に建てられた教会を通して、公同の教会全体が成長し、成熟し、そうして神の王国が進展するためです。これはすでに第五四問で教えられていたことでした。

問五四　「聖なる公同の教会」について、あなたは何を信じていますか。

答　神の御子が、全人類の中から、御自身のために永遠の命へと選ばれた一つの群れを、御自分の御霊と御言葉とにより、まことの信仰の一致において、世の始めから終わりまで集め、守り、保たれる、ということです。

このように神のご支配の進展は、御言葉と御霊により、まことの信仰の一致において立つ教会の進展と切り離すことのできない事柄なのです。

② 天を見上げて生きる

三つ目の世界の祈りとしては、「あなたに逆らい立つ悪魔の業やあらゆる力、あなたの聖なる御言葉に反して考え出されるすべての邪悪な企てを滅ぼしてください、ということです」と教えられます。神の王国の進展は決して一直線の事柄ではありません。個人の領域、教会の領域も同様に、そこには絶えずサタンとの熾烈な戦いがあり、私たちはさまざまな困難と向き合わなければなりません。時にはその戦いのあまりの困難さに意気消沈し、絶望的になることすらあるでしょう。

けれども私たちの主イエスが、十字架にかかって死なれ、三日目に死人の中から起き上がり、よみがえってくださった。ここに私たちの希望があります。たとえ私たちの目の前にある現実、私たちを取り巻く世界が暗闇の力をもって私たちを覆い尽くそうとしても、なお私たちには、このキリストの復活のいのちのゆえに、闇と死に打ち勝つ勝利が約束されていることを覚えましょう。

私たちはどこにあってもそこで復活の主を仰いで、天を見上げて祈ることができる。神の救いを、神のご支配を、神の勝利を、信じ待ち望んで祈ることができる。そういう祈りを主イエスは私たちに教えてくださり、父に向かって子どもとして祈れと教えていてくださるのです。

コロサイ人の手紙三章一～四節にこう記されているとおりです。

「こういうわけで、あなたがたはキリストとともによみがえらされたのなら、上にあるものを求めなさい。そこでは、キリストが神の右の座に着いておられます。上にあるものを思いなさい。地にあるものを思ってはなりません。あなたがたはすでに死んでいて、あなたがたのいのちは、キリストとともに神のうちに隠されているのです。あなたがたのいのちであるキリストが現れると、そのときあなたがたも、キリストとともに栄光のうちに現れます。」

③希望の祈り

神のご支配、神の王国を求める祈り。それは天を見上げて、来たるべきお方、再臨と栄光の主イエス・キリストを信じて仰ぐ希望の祈りでもあります。

たしかに私たちの目の前には困難がある。明日からもさまざまな戦いが待ち受けている。けれども、この戦いは果てしなく続くことはありません。「み国を来たらせたまえ」との祈りは、「あなたがすべてのすべてとなられる御国の完成に至るまで」の祈りであり、その時には今の時のさまざまな苦しみは過ぎ去り、救いの御業は成し遂げられて、ついに神の王国は完成に至るのです。

それゆえに御国の到来を願う祈りは、私たちがただこれを「待つ」という受け身の祈りに終わることなく、むしろ積極的に神の王国が「来るように」と、その到来を引き寄せるような祈りであり、希望を持って勇敢にサタンとの戦いに挑んでいく、戦いの祈りでもあるのです。

天を見上げて祈る人は、地上の現実を見据える人です。けれども地上の事柄を見据えながらも、その現実に一喜一憂することなく、勝利を確信して一歩一歩確実に前に向かって進んで行く人です。そのような祈り人としての歩みを続けて行きたいと願います。

第四九主日　第一二四問

五六　天と地を結ぶ祈り

①御心を求める祈り

第四九主日、第一二四問は、主の祈りの第三の祈願である「みこころの天になるごとく、地にもなさせたまえ」との祈りが説き明かされるところです。

問一二四　第三の願いは何ですか。

答　「みこころの天になるごとく、地にもなさせたまえ」です。すなわち、わたしたちやすべての人々が、自分自身の思いを捨て去り、唯一正しいあなたの御心に、何一つ言い逆らうことなく聞き従えるようにしてください、そして、一人一人が自分の務めと召命とを、天の御使いのように喜んで忠実に果たせるようにしてください、ということです。

ハイデルベルク信仰問答は、「主の祈り」が、父なる神の御名をあがめ、父なる神の王国を求め、そして父なる神の御心を求めるという、一筋の祈りであることを明らかにしています。その中でも、私たちの祈りの生活において大きなボリュームを占めるのが、「神の御心」を求める祈りではないでしょうか。人生の節目節目で、私たちは神の御心を求めて祈ります。それは信仰者にとって最も自分の信仰が試される局面でもあります。

そこでしばしば起こることは、御心を求めると言いつつも、実際には自分の願望を投影し、既成事実を先に積み上げ、自分の願いや、自分ですでに出してしまっている答えを神に押しつけるような祈りになってしまうという現実です。けれども第一二四問は、「わたしたちやすべての人々が、自分自身の思いを捨て去り、唯一正しいあなたの御心に、何一つ言い逆らうことなく聞き従えるようにしてください」と祈ることが重要であると教えています。これは徹底的な自己放棄と、神の御心への完全な服従の祈りと言えるでしょう。

この自己放棄と従順の祈りの究極の模範を、私たちは十字架を直前にしたゲッセマネの園で、御父に向かって祈られた御子イエス・キリストのお姿に見るのです。ルカの福音書二二章四二節は、あの受難の夜、ゲッセマネの園で血の汗を滴らせながら祈られた御子の痛切な祈りの姿を記しています。

「父よ、みこころなら、この杯をわたしから取り去ってください。しかし、わたしの願いではなく、みこころがなりますように。」

三位一体における御父と御子との比類なき関係を、そのまま単純に父なる神と私たちとの関係に置き換えることはできませんが、それでも今や御子イエスによって神の子とされた私たちが、御父と御子とからの聖霊によって祈る者とされている事実を踏まえるなら、この祈りの模範から学ぶべきことははっきりしています。それは自分の思いを捨て、唯一正しい父なる神の御心に完全に聞き従うという姿勢です。しかもその服従は、消極的で受動的で、意に反した服従ではなく、自ら進んで父の御心に自らを従わせていく能動的で積極的な服従の姿勢です。

②御言葉と聖霊によって

しかしながら、実際に私たちが祈りの生活の中で経験するのは、神の御心に対して徹底的な自己放棄と服従の姿勢をもって祈ることの難しさです。そもそも神の御心を知ること自体が容易なことではなく、ましてその御心が自分の意向とすれ違うようなものであれば、それに服従することはどんなに困難なものでしょうか。

そこで思い起こしたいのは、この主の祈りの第三の祈願が、第二の祈願である御国を求める祈りと密接に結びついているという事実です。第一二三問で、御国を求める祈りが次のように教えられていたことを思い起こしましょう。「あなたがすべてのすべてとなられる御国の完成に至るまで、わたしたちがいよいよあなたにお従いできますよう、あなたの御言葉と御霊とによってわたしたちを治めてください。」

このように、父なる神に対する服従は、私たちの外から語りかけられる御言葉と、私たちの内に住んでいてくださる聖霊によって起こされる恵みのわざです。そして日々御言葉に教えられ、聖霊に導かれながら神の御心と一つにされていくところに、天と地を結ぶ祈りの結び目があるのです。

③天と地を結ぶ祈り

続いて第一二四問はこう教えます。「そして、一人一人が自分の務めと召命とを、天の御使いのように喜んで忠実に果たせるようにしてください、ということです。」

ここでは、私たちの御心を求める祈りの姿勢が「天の御使いのように喜んで忠実に」と表現されています。天の御使いこそ、父・子・聖霊なる神の御心に最も近い存在です。その天の御使いを指し示しつつ、父なる神の御心に対する服従が「わたしたちやすべての人々」に求められていることを教え、「一人一人が自分の務めと召命とを、天の御使いのように喜んで忠実に果たせるように」と教えるのです。

一人一人の神の御心への従い方は、それぞれの務めと召命によっている。けれども互いにそのことを尊重し、吟味しつつ、天使のように喜んで、忠実にそれを果たしていくのです。このように天の御使いたちに、天において喜んで忠実に果たすべき務めと召命があるように、私たち一人一人にも、この地において喜んで忠実に果たすべき務めと召巡があるのであって、そのようにして天と地において主に従う歩みが続けられているところに、「唯一正しい」父なる神の御心は成し遂げられていくのです。

私たちはこの地上で生きています。罪の支配が及び、悪がはびこり、あたかも神はいないかのようにふるまう世界の中で、それでも天を仰ぎ、生きておられる神を「父よ」と呼び、「御名をあがめさせたまえ」と賛美しながら、御子イエス・キリストのゆえに神の子どもとされた者たちとして、御言葉と御霊の支配の中で私たちは祈り続けます。

天使のような忠実さと従順さを教えられながら、この地上にあって天を見上げて祈る。それは地上の事柄を天に押しつける祈りではなく、天での御心が地上で実現するようにとの祈りです。

この祈りを、私たちは天使たちと共に祈ります。私たちと隣人と被造物世界の全体に神の御心がなるようにと祈り続けるのです。

それゆえに、御国を求める祈りは天と地を結ぶ祈りであり、そして続く第四の「日々の糧」を求める祈りへと繫がっていく「今日」の祈り、「現在形」の祈りなのです。

五七　父の愛に養われて

第五〇主日　第一二五問

①日ごとの糧を願う祈り

第五〇主日では、主の祈りの第四の祈願が説き明かされます。御子が御父の愛に信頼して祈るようにと教えてくださった主の祈りは、前半三つの祈願が御父の栄光、御国、御心を求める「御父のための祈り」であったのに対して、後半の三つの祈願は日ごとの糧、罪の赦し、悪からの救い出しを願う「私たちのための祈り」です。私たちのための祈りの冒頭にくるのが日ごとの糧、日ごとのパンを求める祈りであることは、私たちが日々を生きるための必要を御父が養ってくださるお方であることを表しています。そこで、第一二五問には次のように記されています。

問一二五　第四の願いは何ですか。

答　「我らの日用の糧をきょうも与えたまえ」です。すなわち、わたしたちに肉体的に必要なすべてのものを備えてください、それによって、わたしたちが、あなたこそ良きもののすべての唯一の源であられること、また、あなたの祝福なしには、わたしたちの心配りや労働、あなたの賜物でさえも、わたしたちの益にならないことを知り、そうしてわたしたちが、自分の信頼をあらゆる被造物から取り去り、ただあなたの上にのみ置くようにさせてください、ということです。

ここで第一二五問は、この願いが単に日ごとの糧であるパンや食物に限定されたものでなく、「肉体的に必要なすべてのもの」を求める祈りであると説明しています。これは、天地万物を創造し、それを今も統べ治め、そこに生きるいのちを育み養ってくださる、父なる神の摂理の御手に対する信頼から生まれる祈りです。マタイの福音書六章二六節で主イエスが語られた御言葉を思い起こします。

「空の鳥を見なさい。種蒔きもせず、刈り入れもせず、倉に納めることもしません。それでも、あなたがたの天の父は養っていてくださいます。あなたがたはその鳥よりも、ずっと価値があるではありませんか。」

②父の愛に養われて生きる

このようにして父なる神に日ごとの糧を祈りながら、そこで求められているのは日ごとの糧以上のものでした。「それによって、わたしたちが、あなたこそ良きものすべての唯一の源であられること、また、あなたの祝福なしには、わたしたちの心配りや労働、あなたの賜物でさえも、わたしたちの益にならないことを知り、そうしてわたしたちが、自分の信頼をあらゆる被造物から取り去り、ただあなたの上にのみ置くようにさせてください。」

私たちがこのように祈ることによって、御父の愛をさらに深く知り、信頼を置くようになることを、御父ご自身が願っていてくださるのです。

ヘブル人への手紙一三章五、六節にはこう記されています。

「金銭を愛する生活をせずに、今持っているもので満足しなさい。主ご自身が『わたしは決してあなたを見放さず、あなたを見捨てない』と言われたからです。ですから、私たちは確信をもって言います。『主は私の助け手。私は恐れない。人が私に何ができるだろうか。』」

日ごとの糧を祈り求めて生きる歩みは、「わたしは決してあなたを見放さず、あなたを見捨てない」と言ってくださる父なる神の愛に養われて生きる歩みです。私たちの必要を知っていてくださる御父は、私たちに毎日欠かすことなく天からの養いを与えてくださる愛に満ちた真実なるお方です。

御父が私たちに下さるものは決して大きなもの、尊いと思われるものばかりではありません。私たちの日常生活に欠かせない、一つ一つの些細と見えるようなものも、御父からの養いの中で受け取っているものであって、私たちの手の中にあるものはどれ一つとっても自分の力で得たものでなく、天の御父の私たちに対する愛の具体的な現れなのです。

③父に信頼して生きる

父なる神に日ごとの糧を求めて生きる生き方は、父なる神のあわれみと真実に全面的に信頼して生きることを意味します。しかしそれは私たちが自分の主体性を放棄し、すべて神頼みのまま、他人任せのように生きることを意味してはいません。むしろそこで期待されている生き方は、「自分の信頼をあらゆる被造物から取り去り、ただあなたの上にのみ置くようにさせてください」という祈りの中で生み出される積極的で忠実なものです。使徒パウロが、コリント人への手紙第一、一五章五八節でこう言うとおりです。

「ですから、私の愛する兄弟たち。堅く立って、動かされることなく、いつも主のわざに励みなさい。あなたがたは、自分たちの労苦が主にあって無駄でないことを知っているのですから。」

私たちの信仰の営みは、聖と俗とを分ける二元論ではありません。テモテへの手紙第一、四章四節で「神が造られたものはすべて良いもので、感謝して受けるとき、捨てるべきものは何もありません」と言われるとおり、神の造られた世界を感謝し、喜んで受け取る生き方です。ですから私たちは、「人はパンだけで生きるのではなく、神の口から出る一つ一つのことばで生きる」（マタイ四・四）ことをわきまえつつ、日ごとのパンを求めることが許されており、またそうすべきなのです。

そこで肝心なことは、私たちが日ごとの天からの養いによって支えられているという事実に気づき、大きな安心の中に生きられる恵みを味わい、いよいよ神への信頼の中で感謝しつつ生きることでしょう。

もし私たちが自分自身の生活すべてに責任を負うとすれば、それは大変な重荷です。しかし主にある信仰者には、自らの人生のすべてをそのままおゆだねできる、信頼すべき天の父なる神がおられるのです。この神の恵み深い摂理の御手を覚えつつ、まことのいのちによって生かされていく私たちの日々でありたいと願います。

第五一主日　第一二六問

五八　赦された者として

①我らの罪を赦したまえ

第五一主日では、主の祈りの第五の祈願である、罪の赦しの問題が扱われます。第一二六問を読みましょう。

問一二六　第五の願いは何ですか。

答　「われらに罪を犯す者をわれらがゆるすごとく、われらの罪をもゆるしたまえ」です。すなわち、わたしたちのあらゆる過失、さらに今なおわたしたちに付いてまわる悪を、キリストの血のゆえに、みじめな罪人であるわたしたちに負わせないでください、わたしたちもまた、あなたの恵みの証をわたしたちの内に見出し、わたしたちの隣人を心から赦そうとかたく決心していますから、ということです。

この祈りは、私たちの「かつて」の罪と「今」の罪に深く関わるものです。それで「わたしたちのあらゆる過失、さらに今なおわたしたちに付いてまわる悪」と言われるのですが、それは私たちが生まれながらにして持っている罪の性質、第八問で「どのような善に対しても全く無能であらゆる悪に傾いている」と教えられたような姿を言い表すものです。しかしそのような私たちの罪を、父なる神は御子イエス・キリストの贖いによって赦してくださいました。同じく第五六問が次のように教えているとおりです。

問五六　「罪のゆるし」について、あなたは何を信じていますか。

答　神が、キリストの償いのゆえに、わたしのすべての罪と、さらにわたしが生涯戦わなければならない罪深い性質をも、もはや覚えようとはなさらず、それどころか、恵みにより、キリストの義をわたしに与えて、わたしがもはや決して裁きにあうことのないようにしてくださる、ということです。

このように、私たちの過去のあらゆる罪、生まれながらの罪人としての性質を身に負った古き人は罪赦され、義と認められ、救われて、その罪は主イエスの十字架の血によって贖われたのでした。

しかしながら、それで私たちの罪との戦いが終了するのではありません。「今なおわたしたちに付いてまわる悪」と言っているように、聖化の途上にある私たちにとっては救われた今もなお罪との戦いは続くのであり、それゆえに私たちは日々、御前に感謝と悔い改めをなし、そして礼拝のたびごとに罪の告白を御前になし、赦しの宣言をいただくのです。

そうして一日一日、一歩一歩と進んでいく信仰の営みの中で、第一一五問にあるように「わたしたちの罪深い性質を次第次第により深く知り、それだけより熱心に、キリストにある罪の赦しと義とを求めるようになる」のであり、「そうしてわたしたちがこの生涯の後に、完成という目標に達する時まで、次第次第に、いよいよ神のかたちへと新しくされてゆく」のです。

②赦された者として生きる

さて、私たちが主の祈りを祈るときにしばしば抱く素朴な疑問として、この第五の祈願の前半部と後半部の繋がり方をどのように理解するかということがあるのでしょう。その繋がり方次第では、「私が他人の罪を赦したので私の罪も赦してください」と、他者の赦しが自らの赦しの条件のようになり、「私の罪が赦されるためには、まず私が赦さなければならない」とこれを律法の重荷のようにしてしまったり、主に罪を赦していただくことに先んじて、私が他の人を赦すことができるかのような錯覚に陥ってしまったりすることがあります。

そこではっきりとさせておかなければならないことは、私たちが隣人の罪を赦すことができるから、私も主によって赦されるのではなく、また私が隣人の罪を赦すことができなければ、私も主によって赦されることはないと言われているのでもないということです。

この点について第一二六問は次のように言います。

「わたしたちもまた、あなたの恵みの証をわたしたちの内に見出し、わたしたちの隣人を心から赦そうとかたく決心していますから、ということです。」

隣人の罪に対する赦しは、自分自身の罪の赦しの原因や条件なのではなく、自分自身の罪が赦されたことの感謝を伴う決断的な応答です。さらに言えば、「私たちの隣人を心から赦そう」とする固い決心、決断も、私たちの内に自然と生じてくるものではありません。むしろそれは第一二六問が正しくも「あなたの恵みの証」と言っているように、罪赦されて救われた者たちの中に主が与えてくださる恵みです。

マタイの福音書一八章二一、二二節には次のように記されます。

「そのとき、ペテロがみもとに来て言った。『主よ。兄弟が私に対して罪を犯した場合、何回赦すべきでしょうか。七回まででしょうか。』イエスは言われた。『わたしは七回までとは言いません。七回を七十倍するまでです。』」

ここで言われているのは、無限の赦しということです。七度を七十倍とは、律法の規定を超えて限りなく、幾度でも赦せ、ということです。実際に罪の赦しの回数を数え上げているときは、実際にはまだ赦せてはいないのでしょう。

マタイの福音書の続く箇所で、大きな負債を赦してもらった人が、自分への借金を負っていた人を赦すことができず、王に裁かれるというたとえが語られますが、主イエスはここで私たちに、赦された者として赦しの中を生きよ、と語っておられるのです。

かつては自己中心の罪の中にあって、赦されるはずもないような大きな負債を抱えていた私が、主イエス・キリストの十字架の贖いによってその罪を赦していただいた。その赦しの恵みを感謝して歩み始めたときに、気づくと隣人を心から赦す思いが備えられるようになっていく。それこそが私自身がすでに罪赦されてあることの確かなしるしであり、証しです。それゆえに、隣人の罪の赦しは自らの罪の赦しの応答であり、恵みの証しであり、決断的な応答であるということができるのです。

赦された恵みを経験した者が、その恵みのゆえに隣人を赦す者へと変えられていく。悔い改めと告白の祈りの中で、この自分自身が主によって罪赦されたという赦しの体験、恵みの経験が、私をして隣人を赦す愛へと促すのであり、主の御前に罪赦されていることを確信するときに、私たちは隣人の罪を赦すことへと心動かされていくことができるのです。

第五二主日　第一二七問～第一二九問

五九　試練を越える祈り

①試練と誘惑

いよいよ最後の第五二主日となりました。この第一二七問から第一二九問までは、最後の締めくくりの箇所ですので、数回に分けて丁寧に学んでおきましょう。
そこで第一二七問を読みましょう。

問一二七　第六の願いは何ですか。

答　「われらをこころみにあわせず、悪より救い出したまえ」です。すなわち、わたしたちは自分自身あまりに弱く、ほんの一時立っていることさえできません。その上わたしたちの恐ろしい敵である悪魔やこの世、また自分自身の肉が、絶え間なく攻撃をしかけてまいります。ですから、どうかあなたの聖霊の力によって、わたしたちを保ち、強めてくださり、わたしたちがそれらに激しく抵抗し、この霊の戦いに敗れることなく、ついには完全な勝利を収めるられるようにしてください、ということです。

主の祈りの講解を記したロッホマンが、この祈りについて次のように記しています。「マルチン・ルターのものとして次の文が伝わっている。『第五の願いを祈ってわたしは眠りにつき、第六の祈りで起き上がる』（A・ケーベルレ『主の祈りと現代における人間』一四頁）。このモットーは、ルターが理解した人間の状況をみごとに表している」（ロッホマン『われらの父よ――主の祈り講解』）。

試練の問題をいつも身近に考えていたルターらしいことばです。

新約聖書において「試み」と訳される「ペイラスモス」ということばは、ほかに「誘惑」とも訳されます。「試練」と「誘惑」とはずいぶんニュアンスが異なりますが、聖書では、だれがだれに対して、あるいは何が何に対して働きかけるかによって、その意味合いが決まってくるように見えます。

そこで、ペイラスモスの意味について四つにまとめておきたいと思います。一つ目は「人が神を試みる」ということ。二つ目は「神が人を試みる」ということ、三つ目は「人あるいはモノが誘惑する」ということ、そして四つ目が「サタンが人を誘惑する」ということです。

このように考えてみると、ペイラスモスと訳されることばの意味は、それが神と人との関わりである場合には試練の側面が強く現れ、人と人、そしてその背後にある人とサタンとの関わりである場合には誘惑の側面が強く現れると言ってもよいでしょう。

②試練を越える祈り

「試みにあわせないでください」という祈り。それは試練や誘惑と直面せず、それを避けて通らせてくださいという祈りを意味してはいません。

コリント人への手紙第一、一〇章一三節にこうあります。

「あなたがたが経験した試練はみな、人の知らないものではありません。神は真実な方です。あなたがたを耐えられない試練にあわせることはなさいません。むしろ、耐えられるように、試練とともに脱出の道も備えていてくださいます。」

第一二七問は、私たちが試練や誘惑にあうことは避けられないこととした上で、第六の祈願が、私たちが試練に屈してしまうことがないように、誘惑に陥ってしまうことがないように、その深みに引き入れないでくださいと願う祈りだと説明します。

「わたしたちは自分自身あまりに弱く、ほんの一時立っていることさえできません。その上わたしたちの恐ろしい敵である悪魔やこの世、また自分自身の肉が、絶え間なく攻撃をしかけてまいります」というように、この祈りは私たちが誘惑や試練に遭遇せざるを得ない現実とそれに屈してしまう弱さがあることを率直に認めています。

しかしその上で、「ですから、どうかあなたの聖霊の力によって、わたしたちを保ち、強めてくださり、わたしたちがそれらに激しく抵抗し、この霊の戦いに敗れることなく、ついには完全な勝利を収められるようにしてください」として、自分自身の力によってではなく、どこまでも聖霊の御力によって完全な勝利を得させてくださいと祈る祈り、試練を越えて勝利を求める祈りなのだと教えるのです。

③悪より救い出したまえ

最後に「悪からお救いください」という祈りについて考えます。主の祈りで「悪」と訳されることばは、「悪い者から」とも訳すことができ、信仰問答は端的に「私たちの恐ろしい敵である悪魔」と言い、加えて「この世、また私たち自身の肉」と言います。

私たちは、地上の現実の背後には、悪しき者との絶えざる霊的な戦いがあることをわきまえ知らなければなりません。しかし、このような深刻な敵に対する戦いの現実の中にあるからこそ、私たちは切なる思いをもって、しかしまた完全な勝利を確信しつつ、次のように祈らなければならず、また祈ることができるのです。すなわち「どうかあなたの聖霊の力によって、わたしたちを保ち、強めてくださり、わたしたちがそれらに激しく抵抗し、この霊の戦いに敗れることなく、ついには完全な勝利を収められるようにしてください」との祈りです。

私たちの霊的な戦いは、聖霊の力による戦いであり、しかもその勝敗は、すでに御子イエス・キリストの十字架の贖いによって完全な勝利が約束されています。だからこそ私たちは目覚めて、真剣に、この地上にあっては霊的な戦いを続けていくのであり、この霊的な戦いが来たるべき御国の支配へと繋がっていくのです。

ここで私たちは、第六の祈願を第二の祈願とあわせて理解することが大切です。第一二三問では次のように教えられていました。

問一二三　第二の祈願は何ですか。

答　「み国を来たらせたまえ」です。すなわち、あなたがすべてのすべてとなられる御国の完成に至るまで、わたしたちがいよいよあなたにお従いできますよう、あなたの御言葉と聖霊とによってわたしたちを治めてください、あなたの教会を保ち進展させてください、あなたに逆らい立つ悪魔の業やあらゆる力、あなたの聖なる御言葉に反して考え出されるすべての邪悪な企てを滅ぼしてください、ということです。

私たちが霊的な戦いを最後まで戦い抜くために必要な霊的な武具の備えについて、パウロはエペソ人への手紙六章一四～一八節で次のように記しています。

「そして、堅く立ちなさい。腰には真理の帯を締め、胸には正義の胸当てを着け、足には平和の福音の備えをはきなさい。これらすべての上に、信仰の盾を取りなさい。それによって、悪い者が放つ火矢をすべて消すことができます。救いのかぶとをかぶり、御霊の剣、すなわち神のことばを取りなさい。あらゆる祈りと願いによって、どんなときにも御霊によって祈りなさい。そのために、目を覚ましていて、すべての聖徒のために、忍耐の限りを尽くして祈りなさい。」

主イエス・キリストは、ヨハネの福音書一六章三三節で、こう宣言なさいました。

「あなたがたがわたしにあって平安を得るためです。世にあっては苦難があります。しかし、勇気を出しなさい。わたしはすでに世に勝ちました」

また、この主イエスのことばを聞いた使徒ヨハネは、ヨハネの手紙第一、五章四、五節で次のように言います。

「神から生まれた者はみな、世に勝つからです。私たちの信仰、これこそ、世に打ち勝った勝利です。世に勝つ者とはだれでしょう。イエスを神の御子と信じる者ではありませんか。」

私たちは、勝利者イエス・キリストのものとされているという、生と死を貫く確かさの中で、このお方の約束に励まされつつ、聖霊の力によって霊の戦いに勝利していきたいと願うのです。

六〇 アーメンの確かさ

①御国、力、栄光

主の祈りの締めくくりである第一二八問を見ましょう。

問一二八 あなたはこの祈りを、どのように結びますか。

答 「国とちからと栄えとは、限りなくなんじのものなればなり」というようにです。すなわち、わたしたちがこれらすべてのことをあなたに願うのは、あなたこそわたしたちの王、またすべてのことに力ある方として、すべての良きものをわたしたちに与えようと欲し、またそれがおできになるからであり、

そうして、わたしたちではなく、あなたの聖なる御名が、永遠に讃美される
ためなのです。

主の祈りは、新約聖書の中でマタイの福音書六章と、ルカの福音書一一章に記されていますが、この頌栄の部分はマタイの福音書にだけ記され、しかも実際にはこの部分は元々のマタイのテキストではなく、後代の教会による加筆挿入であると言われています。

だからといってこの頌栄の部分は不要かと言えば、決してそうではありません。むしろ代々の教会は、この頌栄が主の祈りの本体部分と全く一致した祈りであることを認めて、これを含めたものを主の祈りとして長い間祈り続けてきたのです。その意味で、この結びの部分に記された頌栄の意味を味わうこともまた、主の祈りの学びの締めくくりにふさわしいことと言えるでしょう。

ここに賛美される「国と力と栄光」の三つは、主の祈りの六つの祈願の中にそれぞれ深く関わるものということができます。「国」とは、第二の祈願の「み国が来ますように」との祈りに関わり、「力」とは、第六の祈願の「こころみにあわせず、悪より救い出したまえ」との祈りに関わり、「栄光」とは第一の祈願の「御名があがめられますように」と関わっています。

「国」については、「あなたこそわたしたちの王、またすべてのことに力ある方」であると言われますが、これについては第一二三問で「あなたがすべてのすべてとなられる御国の完成に至るまで」とあるように、主なる神がすべてのすべてであられる御国において、力ある王としてその統治と支配を成し遂げられる御業が賛美されています。

「力」については、「すべての良きものをわたしたちに与えようと欲し、またそれがおできになる」と言われますが、これについては第一二七問で「どうかあなたの聖霊の力によって、わたしたちを保ち、強めてくださり、完全な勝利を収められるように」とあるように、私たちを終末における完全な勝利へと導く、聖霊の御力が賛美されています。

そして「栄光」については、「あなたの聖なる御名が、永遠に讃美されるため」と言われますが、これについては第一二二問で「あなたの全能、知恵、善、正義、慈愛、真理を照らし出す、そのすべての御業において、あなたを聖なる方とし、あがめ、讃美できるようにさせてください」とあるように、すべての善きものの源である聖なるお方として、その御名が賛美されています。

このように、主の祈りの結びの祈りは、主の祈りの全体を一つにまとめ上げて神への祈りとして整える、賛美と頌栄の祈りなのです。

いたいと思います。

②祈りを聞かれる神

これまで一つ一つの問答を読み進めてきた締めくくりとして、最後の第一二九問を味わいたいと思います。

問一二九　「アーメン」という言葉は、何を意味していますか。

答　「アーメン」とは、それが真実であり確実である、ということです。なぜなら、これらのことを神に願い求めていると、わたしが心の中で感じているよりもはるかに確実に、わたしの祈りはこの方に聞かれているからです。

ハイデルベルク信仰問答がその第一問から語り続けてきた「ただ一つの慰め」、ただ一つの確かな拠り所が、この最後の第一二九問においても、あらためて私たちの前に確認されます。

今日、祈りの力を信じる人は希少な存在になってしまっています。祈りの力を知らない人々は、祈りを単なる自己満足や気休め、心の浄化作用を求めてつぶやく独り言にすぎないと言います。そしてどれほど祈っても、所詮世界は変わらないではないか、むしろ祈りとはその変わらない現実から目を背けるための現実逃避なのではないかとの声が聞こえます。さらには、「アウシュヴィッツ後の世界で、なお祈ることができるのか」と言われ、「三・一一後の世界で、なお祈ることができるのか」とさえ言われるのです。

しかし、神の愛を信じ、神の摂理を信じ、神の父親らしい御手を信じ、その神が私たちに賜った御子イエス・キリストを信じ、そのキリストの贖いを信じ、キリストの贖いのゆえに、聖霊によって今やキリストのものとされ、神の子とされていることの確かさを信じる私たちは、この神に祈ることをやめず、祈りの手を挙げ続けます。

なぜなら、祈りは、頭を垂れ、膝をかがめ、貧しいことばで祈っている私たちの、その祈りに込めた切実さ、必死さ、思いの深さや強さよりもはるかに、確かにこの祈りを聞かれる生ける神、私たちの父なる神によって確かに聞き届けられ、聞き届けられた祈りは必ず現実となることを信じているからです。

③「アーメン」の確かさ

それゆえに私たちはどのような局面にあっても、父なる神に向かってささげた祈りを、「アーメン」と言い切ることができる。これは大きな慰めであり、また希望です。

私たちが「アーメン」と言い切れるのはなぜか。それは、私たちがこの主の祈りをもって祈る相手が、天地万物の創造主にして、全知全能の神、創造の世界を今も真実の憐れみ深い御手をもって治めておられる摂理の神であり、しかもそのような偉大なる創造と摂理の神が、私たちの父なるお方として、私たちに愛と恵みを注いでくださるという確信があるからです。

また、私たちに祈りを教えてくださり、また祈るようにと励まし、促し続けていてくださるのが、父なる神の愛する御子、私たちのために十字架に死なれ、三日目によみがえられた、まことの救い主イエス・キリストご自身であるという確信があるからです。

そして、祈りつつも確信が持てず不安になるときにも、祈りながらも答えが出ずに行き詰まるときにも、祈ること自体がとぎれそうになるときにも、にもかかわらず、必ずこの小さな祈りが聞き届けられるために、聖霊がとりなし続けていてくださるという確信があるからです。

私たちは父、子、聖霊なる神を信じ、三位一体の神が私たちの祈りを必ず聞いてくださると信じて、今日も祈りの手を挙げ続けます。そして、この祈りを頌栄と賛美のことばをもって締めくくり、力強くアーメンと祈り終えるそのときから、再び、天を見上げて「天におられる私たちの父よ」とまた新しく祈り始めます。

どんなに世界が暗さを増し、悲惨さを増し、希望の芽が摘み取られていくようなことがあったとしても、どんなに世界が悲しみをたたえ、うめきの声を上げ、闇がその濃さを増していったとしても、祈る口が塞がれ、祈りの手が縛りつけられ、祈る心が押し潰されそうになったとしても、それでも私たちはあきらめることなく、何度でも何度でも、くり返しくり返し、「天におられる私たちの父よ」と祈り続けるのです。

カルヴァンは次のように言いました。

「もし神に対する我々の祈りが我々自身の価値によるとすれば、かすかな呟きといえども神の前に敢えて唱え得る者がいるだろうか。今や我々は極度に悲惨であって、全ての点で最も相応しくなく、一切の推薦を欠いているにもかかわらず、祈る根拠に欠けることとも確信を失うこともないのは、我々の父からその国と力と栄光を奪い去ることができないからである。最後に『アァメン』が付け加えられるが、これは神に乞い求めるものを得ようとする熱い願いを実現すると共に、これらの全てがすでに達成され、確かに我々に来るとの希望がここに確認されるのである。なぜなら、欺くことのできない神によって約束されたからである。……祈りが聞かれるとの確信はただ神の本性にのみ基づくことを告白するのである」（『キリスト教綱要　改訳版』第三篇、四七節）。

祈りながらも、時に疑い、恐れ、惑いを抱く私たちの、そんな貧しい祈りであっても、イエス・キリストの父なる神は、私たちの父なる神として、私たちの祈りを私たちが確信する以上の確かさで聞き届けていてくださる。その信頼があればこそ、私たちはなお希望をもって祈り続けることができる。日々の生活のただ中にあっても、その生涯の終わりを迎える死の床にあっても、キリストのものとされているただ一つの慰め、ただ一つの確かな拠り所に支えられて、祈り続けることができる。

私たちの祈りを聞かれる父なる神に向かって、今日も、明日も、大胆に、率直に、疑うことなく、恐れることなく祈りの声を挙げ続けていきましょう。

神のご支配の成就するときに、神の御前ですべてがアーメンとなるときを目指して、この祈りをささげ続け、力強く「アーメン」と言い切り、また新しく、「天の父よ」と祈りつつ歩む私たちとならせていただきましょう。

参考文献

『ハイデルベルク信仰問答』竹森満佐一訳、新教出版社、一九四九年
『ハイデルベルク信仰問答』竹森満佐一訳、新教出版社、一九六一年
『ハイデルベルク信仰問答　付・ウルジヌス小教理問答』吉田隆・山村正雄訳、新教出版社、一九九三年
『ハイデルベルク信仰問答』春名純人訳、神戸改革派神学校、聖恵授産所出版部、一九九六年
『ハイデルベルク教理問答』高崎毅志訳、神学と牧会の研究所、一九九七年
『ハイデルベルク信仰問答』吉田隆訳、新教出版社、一九九七年
出村彰・徳善義和・成瀬治他共編『宗教改革著作集14――信仰告白・信仰問答』徳善義和・出村彰・石引正志他共訳、教文館、一九九四年
大崎節郎編『改革派教会信仰告白集』〈Ⅱ・Ⅲ〉一麦出版社、二〇一一年
「覆刻・日本基督一致教会信仰ノ箇条」出版委員会編『覆刻・日本基督一致教会信仰ノ箇条』教文館、二〇一三年
L・D・ビエルマ編『「ハイデルベルク信仰問答」入門　資料・歴史・神学』吉田隆訳、教文館、二〇一三年
L・D・ビエルマ『「ハイデルベルク信仰問答」の神学　宗教改革神学の総合』吉田隆訳、教文館、二〇一七年
E・J・マッセリンク『宗教改革のあゆみ――「ハイデルベルク信仰問答」の成立』伊藤真也訳、

すぐ書房、一九七七年

Dr. Zacharias Ursinus, *The Commentary on the Heidelberg Cathechism*, translated by G. W. Williard, Presbyterian and Reformed Publishing Company, 1852

Fred H. Klooster, *Our Only Comfort: A Comprehensive Commentary on the Heidelberg Catechism Volume 1 & 2*, CRC Publications, 2001

加藤常昭『ハイデルベルク信仰問答講話』〈上・下〉教文館、一九九二年

楠原博行『キリスト者は何を信じているのか――ハイデルベルク信仰問答入門』新教出版社、二〇一四年

後藤憲正編『キリスト教信仰入門――ハイデルベルク教理問答による』一麦出版社、一九九三年

高崎毅志『ただ一つしかない慰め　ハイデルベルク教理問答説教集』すぐ書房、二〇〇〇年

登家勝也『ハイデルベルク教理問答講解』〈Ⅰ・Ⅱ〉教文館、一九九七年

春名純人『「ハイデルベルク教理問答」講義』聖恵授産所出版部、二〇〇三年

吉田隆『《ただ一つの慰め》に生きる――「ハイデルベルク信仰問答」の霊性』神戸改革派神学校、二〇〇六年

A・ラウハウス『信じるということ――ハイデルベルク信仰問答を手がかりに』〈上・下〉菊池純子訳、教文館、二〇〇九年

アンドレ・ペリー『ハイデルベルク信仰問答講解』吉川八郎訳、新教出版社、一九七一年

フレッド・クルースター『力強い慰め――ハイデルベルク信仰問答講解』小峯明訳、新教出版社、二〇〇七年

カルヴァン『信仰の手引き』渡辺信夫訳、新教出版社、一九八六年
同『ジュネーヴ教会信仰問答』外山八郎訳、新教出版社、一九六三年
同『ジュネーヴ教会信仰問答　翻訳・解題・釈義・関連資料』渡辺信夫編訳、教文館、一九九八年
同『キリスト教綱要 改訳版』〈第三篇、第四篇〉渡辺信夫訳、新教出版社、二〇〇八年、二〇〇九年
日本基督改革派教会大会出版委員会編『ウェストミンスター信仰基準』新教出版社、一九九四年
ルター著作集編集委員会篇『ルター著作集第一集　第二巻』聖文舎、一九六三年
ルター『エンキリディオン小教理問答』ルター研究所訳、リトン、二〇一四年
石丸新『改革派カテキズム日本語訳研究』新教出版社、一九九六年
田中剛二『田中剛二著作集二　カルヴァン――その人と思想』新教出版社、一九八四年
芳賀力『物語る教会の神学』教文館、一九九七年
A・ファン・リューラー『キリスト者は何を信じているか――昨日・今日・明日の使徒信条』相賀昇・近藤勝彦訳、教文館、二〇〇〇年
J・M・ロッホマン『自由の道しるべ――十戒による現代キリスト教倫理』畠山保男訳、新教出版社、一九八五年
J・M・ロッホマン編著『われらの主よ　主の祈り講解』南吉衛・南含訳、キリスト新聞社、二〇〇一年
アルバート・M・ウォルタース『キリスト者の世界観――創造の回復』宮崎弥男訳、聖恵授産所出版部、一九八九年

あとがき

『「バルメン宣言」を読む――告白に生きる信仰』（二〇一一年）、『ニカイア信条を読む――信じ、告白し、待ち望む』（二〇一六年）に続いて、ここに『ハイデルベルク信仰問答を読む――キリストのものとされて生きる』をお届けできることを感謝します。

二十五年前、伝道者として歩み始め、御言葉に立つ教会が建て上げられるようにと願いながら苦闘する中で、宗教改革時代の信仰問答と向き合うように導かれました。そのことばに聴き、学び、そこに語られていることをキチンと理解したいと思いました。そのために最初にしたことは、信仰問答のことばを書き写すということでした。そこで、奉仕の合間を縫うようにして、ジュネーヴ教会信仰問答、ウェストミンスター信仰告白、大教理問答、小教理問答とともに、ハイデルベルク信仰問答を一問一問書き写す作業を続けました。最初に竹森満佐一先生の訳文を、次に春名純人先生の訳文を、続いて吉田隆先生の訳文を、次々にパソコンに打ち込んでいきました。それは私にとってこのことばを「読む」ために欠かせない作業となりました。

やがて今の教会に赴任すると、兄弟姉妹たちと共に信仰問答を学ぶようになりました。最初は水曜日の祈禱会で、毎回一問ずつ取り上げてＢ４一枚の解説を書き、それを用いて話すことを続けました。この準備のために何度もテキストを読み、多くの訳文や解説書、研究書から学び、教えられてきました。全一二九問の解説を幾度かくり返した後、今度は主日の夕礼拝で信仰問答による説教を行いました。祈禱会の学びが、ハイデルベルク信仰問答を学ぶものであったのに対し、夕拝での説教は、ハイデルベルク信仰問答で、聖書を学ぶものとなりました。その他、折に触れ、さまざまな場面で信仰問答のことばを紹介してきました。今回も、こうして実際に教会で語ってきたことばを下敷きにして原稿を整えることになりました。

この間、私の中にあったのは、この信仰問答のことばに触れる方々が、そこで聖書の語る福音の慰めを受け取り、キリストのものとされて生きることの確かさに支えられて生きてほしいとの祈りです。本書を手にする方々にも、この祈りが届くことを願っています。

ハイデルベルク信仰問答については、すぐれた解説、講解、説教が豊富に出版されています。それに加えてさらにこのような書物を出すことの意味があるだろうかと自問しましたが、周囲からの勧めや励ましをいただいて、ここに公刊することにした次第です。参考文献に挙げた以外にも多くの書物から教えられてきました。すべての著者のお名前を挙げることができませんが、この場を借りて心からの感謝を申し上げます。

特に、信仰問答の訳文を用いることを快くお許しくださった神戸改革派神学校校長の吉田隆先生に感謝いたします。今回もいのちのことば社の米本円香さんに大変お世話になりました。また大切な友である本多守先生が、その賜物を活かしてすばらしいレタリングと装丁をしてくださいました。特に記して感謝します。

本書は、共にこの慰めのことばに聴き続けている徳丸町キリスト教会の兄弟姉妹、共に主に仕える中谷献一、素子伝道師夫妻と、愛する妻真樹子、満、みくに、識の三人の子どもたちにささげたいと思います。

＊　＊

こうして第二版をお届けできることを感謝します。初版には多くの誤記があり、読者の皆さまにはご迷惑をおかけしたことを心からお詫びします。内容の乏しさを少しでも補いたい気持ちがありますが、今回は誤記の訂正にとどめました。教会の益となることをひたすら願いつつ。

二〇一九年　待降節に。

朝岡　勝

著者

朝岡　勝（あさおか・まさる）

1968年茨城県出身。東京基督教短期大学、神戸改革派神学校卒。日本同盟基督教団徳丸町キリスト教会牧師。同教団副理事長。
著書に『「バルメン宣言」を読む —— 告白に生きる信仰』、『〈あの日〉以後を生きる——走りつつ、悩みつつ、祈りつつ』『ニカイア信条を読む——信じ、告白し、待ち望む』（いずれもいのちのことば社）、共著に『福島で生きていく』（いのちのことば社）、『キリストが主だから　いま求められる告白と抵抗』（新教出版社）他。

聖書 新改訳 2017© 2017 新日本聖書刊行会

ハイデルベルク信仰問答を読む
——キリストのものとされて生きる

2017年11月30日　発行
2019年12月25日　再刷

著　者　朝岡 勝
印刷製本　シナノ印刷株式会社
発　行　いのちのことば社
〒164-0001 東京都中野区中野2-1-5
電話 03-5341-6922（編集）
03-5341-6920（営業）
FAX03-5341-6921
e-mail:support@wlpm.or.jp
http://www.wlpm.or.jp/

© Masaru Asaoka 2017 Printed in Japan
乱丁落丁はお取り替えします
ISBN 978-4-264-03874-0